Schöningh
westermann

EinFach
Deutsch

AF197218

Heinrich Heine

Deutschland
Ein Wintermärchen

Geschrieben im Januar 1844

Erarbeitet von
Gerhard Friedl

Herausgegeben von
Johannes Diekhans

Der Text des *Wintermärchens* folgt der von Manfred Windfuhr in Verbindung mit dem Heinrich-Heine-Institut im Auftrag der Landeshauptstadt Düsseldorf herausgegebenen Historisch-kritischen Gesamtausgabe der Werke Heinrich Heines [Düsseldorfer Ausgabe =DHA]. Band 4: AttaTroll. Ein Sommernachtstraum/ Deutschland. Ein Wintermärchen. Bearbeitet von Winfried Woesler. Hamburg: Hoffmann und Campe 1985, S. 89-157.
Als Grundlage dient der unzensierte Erstdruck in den *Neue[n] Gedichte[n] von H. Heine* (S. 277–421), der im September 1844 bei Hoffmann und Campe in Hamburg erschienen ist. In einigen Fällen greift die DHA auch auf die Druckvorlage zurück.
Rechtschreibung und Zeichensetzung wurden den gegenwärtig gültigen Regeln angepasst, Anführungszeichen bei direkter Rede ergänzt und durch Großschreibung oder Sperrung im Erstdruck hervorgehobene Wörter kursiv gesetzt.

westermann GRUPPE

© 2014 Bildungshaus Schulbuchverlage
Westermann Schroedel Diesterweg Schöningh Winklers GmbH,
Georg-Westermann-Allee 66, 38104 Braunschweig
www.westermann.de

Druck A^5 / Jahr 2022
Alle Drucke der Serie A sind im Unterricht parallel verwendbar.

Umschlaggestaltung: Jennifer Kirchhof
Druck und Bindung: Westermann Druck Zwickau GmbH,
Crimmitschauer Straße 43, 08058 Zwickau

ISBN 978-3-14-**022578**-6

Heinrich Heine:
Deutschland. Ein Wintermärchen

Caput[1] I

Im traurigen Monat November[2] war's,
Die Tage wurden trüber,
Der Wind riss von den Bäumen das Laub,
Da reist ich nach Deutschland hinüber.

5 Und als ich an die Grenze kam,
Da fühlt ich ein stärkeres Klopfen
In meiner Brust, ich glaube sogar
Die Augen begunnen[3] zu tropfen.

Und als ich die deutsche Sprache vernahm,
10 Da ward mir seltsam zumute;
Ich meinte nicht anders, als ob das Herz
Recht angenehm verblute.

Ein kleines Harfenmädchen sang.
Sie sang mit wahrem Gefühle
15 Und falscher Stimme, doch ward ich sehr
Gerühret von ihrem Spiele.

Sie sang von Liebe und Liebesgram,
Aufopfrung und Wiederfinden
Dort oben in jener besseren Welt,
20 Wo alle Leiden schwinden.

Sie sang vom irdischen Jammertal,
Von Freuden, die bald zerronnen,
Vom Jenseits, wo die Seele schwelgt
Verklärt in ew'gen Wonnen.

---

[1] lat. Kopf, Haupt; Kapitel (vgl. Kapital, Kapitale)
[2] Tatsächlich reiste Heine im Oktober von Paris nach Hamburg und im Dezember zurück (vgl. S. 102 f. im Anhang)
[3] ahd. bigunnun, mhd. begunden = begannen

25 Sie sang das alte Entsagungslied,
Das Eiapopeia vom Himmel,
Womit man einlullet, wenn es greint,
Das Volk, den großen Lümmel.

Ich kenne die Weise, ich kenne den Text,
30 Ich kenn auch die Herren Verfasser;
Ich weiß, sie tranken heimlich Wein
Und predigten öffentlich Wasser.

Ein neues Lied, ein besseres Lied,
O Freunde, will ich euch dichten!
35 Wir wollen hier auf Erden schon
Das Himmelreich errichten.

Wir wollen auf Erden glücklich sein
Und wollen nicht mehr darben;
Verschlemmen soll nicht der faule Bauch,
40 Was fleißige Hände erwarben.

Es wächst hienieden[1] Brot genug
Für alle Menschenkinder,
Auch Rosen und Myrten, Schönheit und Lust,
Und Zuckererbsen[2] nicht minder.

45 Ja, Zuckererbsen für jedermann,
Sobald die Schoten platzen!
Den Himmel überlassen wir
Den Engeln und den Spatzen.

Und wachsen uns Flügel nach dem Tod,
50 So wollen wir euch besuchen
Dort oben, und wir, wir essen mit euch
Die seligsten Torten und Kuchen.

---

[1] auf der Erde
[2] junge Erbsen, die mit der Schale gegessen werden, nachdem sie gekocht wurden

Ein neues Lied, ein besseres Lied,
Es klingt wie Flöten und Geigen!
55 Das Miserere[1] ist vorbei,
Die Sterbeglocken schweigen.

Die Jungfer[2] Europa ist verlobt
Mit dem schönen Geniusse[3]
Der Freiheit, sie liegen einander im Arm,
60 Sie schwelgen im ersten Kusse.

Und fehlt der Pfaffensegen[4] dabei,
Die Ehe wird gültig nicht minder –
Es lebe Bräutigam und Braut,
Und ihre zukünftigen Kinder!

65 Ein Hochzeitkarmen[5] ist mein Lied,
Das bessere, das neue!
In meiner Seele gehen auf
Die Sterne der höchsten Weihe –

Begeisterte Sterne, sie lodern wild,
70 Zerfließen in Flammenbächen –
Ich fühle mich wunderbar erstarkt,
Ich könnte Eichen zerbrechen!

Seit ich auf deutsche Erde trat,
Durchströmen mich Zaubersäfte –
75 Der Riese hat wieder die Mutter berührt,
Und es wuchsen ihm neu die Kräfte[6].

---

[1] lat. erbarme dich; Ausdruck der Buße
[2] Jungfrau
[3] Genius: antiker Schutz- bzw. Schöpfergeist/-gott
[4] Pfaffe: Pfarrer (abwertend)
[5] Karmen: Fest-, Gelegenheitsgedicht/-lied
[6] In der griechischen Mythologie erneuern sich die Kräfte des Riesen Antäus, wenn er die Erde berührt.

Caput II

Während die Kleine von Himmelslust
Getrillert und musizieret,
Ward von den preußischen Douaniers[1]
Mein Koffer visitieret[2].

5 Beschnüffelten alles, kramten herum
In Hemden, Hosen, Schnupftüchern;
Sie suchten nach Spitzen, nach Bijouterien[3],
Auch nach verbotenen Büchern.

Ihr Toren, die ihr im Koffer sucht!
10 Hier werdet ihr nichts entdecken!
Die Contrebande[4], die mit mir reist,
Die hab ich im Kopfe stecken.

Hier hab ich Spitzen, die feiner sind
Als die von Brüssel und Mecheln[5],
15 Und pack ich einst meine Spitzen aus,
Sie werden euch sticheln und hecheln[6].

Im Kopfe trage ich Bijouterien,
Der Zukunft Krondiamanten,
Die Tempelkleinodien des neuen Gotts,
20 Des großen Unbekannten[7].

---

[1] Zollbeamte. Das Rheinland gehörte seit dem Wiener Kongress (1814/15) zu Preußen (vgl. die Karte auf S. 104 f. im Anhang)
[2] durch (auch: be-)sucht; vgl. Visite
[3] Schmuck
[4] Schmuggelware
[5] belgische Stadt, wie Brüssel durch ihre Textilindustrie bekannt
[6] Flachs mit einem Kamm reinigen und glätten, übertr.: kritisch, spöttisch, boshaft über andere reden
[7] In Kap. 17, V. 23 der Apostelgeschichte verweist Paulus auf einen Altar des unbekannten Gottes, den er auf Christus bezieht.

Und viele Bücher trag ich im Kopf!
Ich darf es euch versichern,
Mein Kopf ist ein zwitscherndes Vogelnest
Von konfiszierlichen[1] Büchern.

25 Glaubt mir, in Satans Bibliothek
Kann es nicht schlimmere geben;
Sie sind gefährlicher noch als die
Von Hoffmann von Fallersleben[2]! –

Ein Passagier, der neben mir stand,
30 Bemerkte mir, ich hätte
Jetzt vor mir den preußischen Zollverein[3],
Die große Douanenkette.

„Der Zollverein" – bemerkte er –
„Wird unser Volkstum begründen,
35 Er wird das zersplitterte Vaterland
Zu einem Ganzen verbinden.

Er gibt die äußere Einheit uns,
Die sogenannt materielle;
Die geistige Einheit gibt uns die Zensur,
40 Die wahrhaft ideelle –

Sie gibt die innere Einheit uns,
Die Einheit im Denken und Sinnen;
Ein einiges Deutschland tut uns not,
Einig nach außen und innen."

---

[1] konfiszieren: beschlagnahmen
[2] oppositioneller Dichter (1798–1874), der wegen des nationalen und libe-
     ralen Gehalts (vgl. S. 112 f. im Anhang) seiner *Unpolitischen Lieder* seine
     Professorenstelle verlor; Verfasser des Deutschlandlieds
[3] Verein unter Führung Preußens, dessen Mitglieder keine Binnenzölle
     mehr erhoben (vgl. S. 110 im Anhang)

Caput III

Zu Aachen[1], im alten Dome, liegt
Carolus Magnus[2] begraben.
(Man muss ihn nicht verwechseln mit Carl
Mayer[3], der lebt in Schwaben.)

5 Ich möchte nicht tot und begraben sein
Als Kaiser zu Aachen im Dome;
Weit lieber lebt ich als kleinster Poet
Zu Stukkert[4] am Neckarstrome.

Zu Aachen langweilen sich auf der Straß
10 Die Hunde, sie flehn untertänig:
„Gib uns einen Fußtritt, o Fremdling, das wird
Vielleicht uns zerstreuen ein wenig."

Ich bin in diesem langweil'gen Nest
Ein Stündchen herumgeschlendert.
15 Sah wieder preußisches Militär,
Hat sich nicht sehr verändert.

Es sind die grauen Mäntel noch,
Mit dem hohen, roten Kragen –
(Das Rot bedeutet Franzosenblut,
20 Sang Körner in früheren Tagen[5].)

---

[1] Vgl. die Reisestationen des Erzählers auf der Karte im Anhang (S. 104 f.)
und den Verlauf von Heines Reise (S. 102 f.)
[2] Karl der Große (747/768 – 814)
[3] lat. Carolus Magnus; schwäbischer Dichter, dessen Verse Heine verwirft
[4] Stuttgart
[5] Theodor Körner (1791 – 1813), nationalistischer (vgl. S. 113 f. im Anhang),
im Freiheitskampf gegen Napoleon gefallener Dichter; in dessen *Lied der
schwarzen Jäger* für das Lützowsche Freicorps heißt es: „Doch fragt man
Euch,/Was dieses Rot bedeute:/Das deutet Frankenblut".

Noch immer das hölzern pedantische Volk,
Noch immer ein rechter Winkel
In jeder Bewegung, und im Gesicht
Der eingefrorene Dünkel[1].

25 Sie stelzen noch immer so steif herum,
So kerzengerade geschniegelt[2],
Als hätten sie verschluckt den Stock,
Womit man sie einst geprügelt.

Ja, ganz verschwand die Fuchtel[3] nie,
30 Sie tragen sie jetzt im Innern;
Das trauliche Du wird immer noch
An das alte Er erinnern[4].

Der lange Schnurrbart ist eigentlich nur
Des Zopftums neuere Phase:
35 Der Zopf, der ehmals hinten hing[5],
Der hängt jetzt unter der Nase.

Nicht übel gefiel mir das neue Kostüm
Der Reuter[6], das muss ich loben,
Besonders die Pickelhaube[7], den Helm,
40 Mit der stählernen Spitze nach oben.

---

[1] Einbildung, Hochmut, Arroganz
[2] eitel zurechtgemacht
[3] Fechtdegen mit stumpfer Klinge, mit dem die preußischen Soldaten zur Strafe geschlagen wurden
[4] Ab dem 19. Jh. wurden die Soldaten von den Offizieren nicht mehr in der dritten, sondern in der zweiten Person angesprochen.
[5] Der 1713 im preußischen Heer eingeführte Zopf wurde in den Freiheitskriegen gegen Napoleon abgeschafft.
[6] Reiter
[7] von König Friedrich Wilhelm IV. 1841/42 eingeführter Soldatenhelm, den der Baumeister Karl Friedrich Schinkel entworfen hatte und der bis 1915 von der Infanterie getragen wurde (vgl. S. 115 im Anhang)

Das ist so rittertümlich und mahnt
An der Vorzeit holde Romantik,
An die Burgfrau Johanna von Montfaucon[1],
An den Freiherrn Fouqué, Uhland, Tieck[2].

45 Das mahnt an das Mittelalter so schön,
An Edelknechte und Knappen,
Die in dem Herzen getragen die Treu
Und auf dem Hintern ein Wappen.

Das mahnt an Kreuzzug und Turnei[3],
50 An Minne[4] und frommes Dienen,
An die ungedruckte Glaubenszeit,
Wo noch keine Zeitung erschienen.

Ja, ja, der Helm gefällt mir, er zeugt
Vom allerhöchsten Witze!
55 Ein königlicher Einfall war's!
Es fehlt nicht die Pointe, die Spitze!

Nur fürcht ich, wenn ein Gewitter entsteht,
Zieht leicht so eine Spitze
Herab auf euer romantisches Haupt
60 Des Himmels modernste Blitze! – –

Zu Aachen, auf dem Posthausschild,
Sah ich den Vogel[5] wieder,
Der mir so tief verhasst! Voll Gift
Schaute er auf mich nieder.

65 Du hässlicher Vogel, wirst du einst
Mir in die Hände fallen,
So rupfe ich dir die Federn aus
Und hacke dir ab die Krallen.

---

[1] Titelfigur eines Schauspiels August von Kotzebues, das die Ritterzeit romantisch verklärt
[2] Dichter der Romantik
[3] Turnier
[4] ritterliches Liebesideal im Mittelalter
[5] den Adler im preußischen Wappen

Du sollst mir dann, in luft'ger Höh',
70 Auf einer Stange sitzen,
Und ich rufe zum lustigen Schießen herbei
Die rheinischen Vogelschützen[1].

Wer mir den Vogel herunterschießt,
Mit Zepter und Krone belehn ich
75 Den wackern Mann! Wir blasen Tusch[2]
Und rufen: „Es lebe der König!"

---

[1] Mitglieder von Schützenvereinen, deren Uniformen denen des preußischen Militärs ähnelten und dessen Unmut hervorriefen
[2] Orchester- oder Klaviersignal bei einer Gratulation, einem Hochruf o. Ä.

Caput IV

Zu Köllen kam ich spätabends an,
Da hörte ich rauschen den Rheinfluss,
Da fächelte mich schon deutsche Luft,
Da fühlt ich ihren Einfluss –

5 Auf meinen Appetit. Ich aß
Dort Eierkuchen[1] mit Schinken,
Und da er sehr gesalzen war,
Musst ich auch Rheinwein trinken.

Der Rheinwein glänzt noch immer wie Gold
10 Im grünen Römerglase,
Und trinkst du etwelche Schoppen zu viel,
So steigt er dir in die Nase.

In die Nase steigt ein Prickeln so süß,
Man kann sich vor Wonne nicht lassen!
15 Es trieb mich hinaus in die dämmernde Nacht,
In die widerhallenden Gassen.

Die steinernen Häuser schauten mich an,
Als wollten sie mir berichten
Legenden aus altverschollener Zeit,
20 Der heil'gen Stadt Köllen Geschichten.

Ja, hier hat einst die Klerisei[2]
Ihr frommes Wesen getrieben,
Hier haben die Dunkelmänner[3] geherrscht,
Die Ulrich von Hutten beschrieben.

---

[1] Omelette
[2] Klerus; katholische Priesterschaft
[3] Vgl. zu dieser und den beiden folgenden Strophen die ergänzenden Erläuterungen auf S. 92 im Anhang

25 Der Cancan[1] des Mittelalters ward hier
Getanzt von Nonnen und Mönchen;
Hier schrieb Hochstraaten, der Menzel von Köln,
Die gift'gen Denunziatiönchen.

Die Flamme des Scheiterhaufens hat hier
30 Bücher und Menschen verschlungen;
Die Glocken wurden geläutet dabei
Und Kyrie eleison[2] gesungen.

Dummheit und Bosheit buhlten[3] hier
Gleich Hunden auf freier Gasse;
35 Die Enkelbrut erkennt man noch heut
An ihrem Glaubenshasse. –

Doch siehe! dort im Mondenschein
Den kolossalen Gesellen!
Er ragt verteufelt schwarz empor,
40 Das ist der Dom von Köllen.

Er sollte des Geistes Bastille[4] sein,
Und die listigen Römlinge[5] dachten:
In diesem Riesenkerker wird
Die deutsche Vernunft verschmachten!

45 Da kam der Luther, und er hat
Sein großes ‚Halt!' gesprochen –
Seit jenem Tage blieb der Bau
Des Domes unterbrochen.

---

[1] lebendig-schwungvoller, seit 1830 in Paris modischer Tanz, der als anstö-
ßig galt
[2] Gebetsruf „Herr, erbarme dich!"
[3] liebten sich
[4] Gefängnis in Paris, das zu Beginn der Französischen Revolution ge-
stürmt wurde
[5] katholische Geistliche

Er ward nicht vollendet – und das ist gut.
50 Denn eben die Nichtvollendung
Macht ihn zum Denkmal von Deutschlands Kraft
Und protestantischer Sendung.

Ihr armen Schelme vom Domverein[1],
Ihr wollt mit schwachen Händen
55 Fortsetzen das unterbrochene Werk
Und die alte Zwingburg vollenden!

O törichter Wahn! Vergebens wird
Geschüttelt der Klingelbeutel,
Gebettelt bei Ketzern und Juden sogar;
60 Ist alles fruchtlos und eitel.

Vergebens wird der große Franz Liszt[2]
Zum Besten des Doms musizieren,
Und ein talentvoller König[3] wird
Vergebens deklamieren[4]!

65 Er wird nicht vollendet, der Kölner Dom,
Obgleich die Narren in Schwaben[5]
Zu seinem Fortbau ein ganzes Schiff
Voll Steine gesendet haben.

Er wird nicht vollendet, trotz allem Geschrei
70 Der Raben und der Eulen,
Die, altertümlich gesinnt, so gern
In hohen Kirchtürmen weilen.

---

[1] Vgl. S. 115 f. im Anhang
[2] Komponist und Pianist (1811–86)
[3] Friedrich Wilhelm IV. beim Dombaufest am 4. September 1842, der zweiten Grundsteinlegung (vgl. S. 115 f. im Anhang)
[4] kunstvoll vortragen
[5] die Stuttgarter Gruppe des Dombauvereins

Ja, kommen wird die Zeit sogar,
Wo man, statt ihn zu vollenden,
75 Die inneren Räume zu einem Stall
Für Pferde wird verwenden[1].

„Und wird der Dom ein Pferdestall,
Was sollen wir dann beginnen
Mit den Heil'gen Drei Königen[2], die da ruhn
80 Im Tabernakel[3] da drinnen?"

So höre ich fragen. Doch brauchen wir uns
In unserer Zeit zu genieren?
Die Heil'gen Drei Kön'ge aus Morgenland,
Sie können woanders logieren.

85 Folgt meinem Rat und steckt sie hinein
In jene drei Körbe von Eisen,
Die hoch zu Münster hängen am Turm,
Der Sankt Lamberti geheißen[4].

Fehlt etwa einer vom Triumvirat[5],
90 So nehmt einen anderen Menschen,
Ersetzt den König des Morgenlands
Durch einen abendländ'schen.

---

[1] Während der napoleonischen Besetzung des Rheinlands waren Kölner
  Kirchen tatsächlich Pferdeställe.
[2] Ihre Reliquien befinden sich seit 1164 in Köln und bis heute im Dom.
[3] Zierschrein
[4] In den Eisenkäfigen, die noch heute zu sehen sind, wurden 1536 die hin-
  gerichteten Anführer der Wiedertäufer zur Schau gestellt.
[5] Herrschaft dreier Männer

Caput V

Und als ich an die Rheinbrück kam,
Wohl an die Hafenschanze[1],
Da sah ich fließen den Vater Rhein
Im stillen Mondenglanze.

5 „Sei mir gegrüßt, mein Vater Rhein,
Wie ist es dir ergangen?
Ich habe oft an dich gedacht
Mit Sehnsucht und Verlangen."

So sprach ich, da hört ich im Wasser tief
10 Gar seltsam grämliche Töne,
Wie Hüsteln eines alten Manns,
Ein Brümmeln und weiches Gestöhne:

„Willkommen, mein Junge, das ist mir lieb,
Dass du mich nicht vergessen;
15 Seit dreizehn Jahren sah ich dich nicht,
Mir ging es schlecht unterdessen.

Zu Biberich hab ich Steine verschluckt[2],
Wahrhaftig, sie schmeckten nicht lecker!
Doch schwerer liegen im Magen mir
20 Die Verse von Niklas Becker[3].

Er hat mich besungen, als ob ich noch
Die reinste Jungfer wäre,
Die sich von niemand rauben lässt
Das Kränzlein ihrer Ehre[4].

---

[1] Hafenbefestigung
[2] 1841 ließ der hessische Staatsminister du Thil den Freihafen von Biebe-
     rich bei Wiesbaden mit über 100 Schiffsladungen Steinen blockieren, um
     den Konkurrenten des Mainzer Hafens lahmzulegen.
[3] Vgl. das Lied *Der deutsche Rhein* auf S. 126 f. im Anhang
[4] Zeichen reiner Jungfrauen

25 Wenn ich es höre, das dumme Lied,
Dann möcht ich mir zerraufen
Den weißen Bart, ich möchte fürwahr
Mich in mir selbst ersaufen!

Dass ich keine reine Jungfer bin,
30 Die Franzosen wissen es besser,
Sie haben mit meinem Wasser so oft
Vermischt ihr Siegergewässer[1].

Das dumme Lied und der dumme Kerl!
Er hat mich schmählich blamieret,
35 Gewissermaßen hat er mich auch
Politisch kompromittieret[2].

Denn kehren jetzt die Franzosen zurück,
So muss ich vor ihnen erröten,
Ich, der um ihre Rückkehr so oft
40 Mit Tränen zum Himmel gebeten.

Ich habe sie immer so lieb gehabt,
Die lieben kleinen Französchen –
Singen und springen sie noch wie sonst?
Tragen auch weiße Höschen[3]?

45 Ich möchte sie gerne wiedersehn,
Doch fürcht ich die Persiflage[4],
Von wegen des verwünschten Lieds,
Von wegen der Blamage.

---

[1] Der französische Dichter Alfred du Musset parodierte Beckers Lied mit
einem Gegengedicht (vgl. S. 127 f. im Anhang, V. 1 f.)
[2] bloßgestellt, dem Ansehen geschadet
[3] weiße Uniformhosen der französischen Infanterie, die inzwischen durch
rote ersetzt wurden
[4] Verspottung

Der Alfred de Müsset, der Gassenbub[1],
50 Der kommt an ihrer Spitze
Vielleicht als Tambour[2], und trommelt mir vor
All seine schlechten Witze."

So klagte der arme Vater Rhein,
Konnt sich nicht zufriedengeben.
55 Ich sprach zu ihm manch tröstendes Wort,
Um ihm das Herz zu heben:

„O fürchte nicht, mein Vater Rhein,
Den spöttelnden Scherz der Franzosen;
Sie sind die alten Franzosen nicht mehr,
60 Auch tragen sie andere Hosen.

Die Hosen sind rot und nicht mehr weiß,
Sie haben auch andere Knöpfe,
Sie singen nicht mehr, sie springen nicht mehr,
Sie senken nachdenklich die Köpfe.

65 Sie philosophieren und sprechen jetzt
Von Kant, von Fischte und Hegel[3],
Sie rauchen Tabak, sie trinken Bier,
Und manche schieben auch Kegel.

Sie werden Philister[4] ganz wie wir
70 Und treiben es endlich noch ärger;
Sie sind keine Voltairianer[5] mehr,
Sie werden Hengstenberger[6].

---

[1] De Musset hatte den Spitznamen „Gamin" (Gassenjunge)
[2] Trommler
[3] den drei wichtigsten Philosophen des deutschen Idealismus; die absichtlich falsche Schreibung von *Fichte* ahmt die französische Aussprache nach
[4] Spießbürger
[5] Anhänger des französischen Schriftstellers und Philosophen Voltaire (1694–1778), der sich konsequent für die Aufklärung einsetzte
[6] Anhänger des Berliner Theologieprofessors Ernst Wilhelm Hengstenberg (1802–69), einem einflussreichen Vertreter der protestantischen, gegen die Aufklärung gerichteten Restauration in Preußen

Der Alfred de Müsset, das ist wahr,
Ist noch ein Gassenjunge;
75 Doch fürchte nichts, wir fesseln ihm
Die schändliche Spötterzunge.

Und trommelt er dir einen schlechten Witz,
So pfeifen wir ihm einen schlimmern,
Wir pfeifen ihm vor, was ihm passiert
80 Bei schönen Frauenzimmern[1].

Gib dich zufrieden, Vater Rhein,
Denk nicht an schlechte Lieder,
Ein besseres Lied vernimmst du bald –
Leb wohl, wir sehen uns wieder."

---

[1] Mehrere Frauen hatten Liebesbeziehungen mit de Musset beendet.

Caput VI

Den Paganini[1] begleitete stets
Ein Spiritus familiaris[2],
Manchmal als Hund, manchmal in Gestalt
Des seligen Georg Harrys[3].

5 Napoleon sah einen roten Mann
Vor jedem wicht'gen Ereignis[4].
Sokrates hatte seinen Dämon[5],
Das war kein Hirnerzeugnis.

Ich selbst, wenn ich am Schreibtisch saß
10 Des Nachts, hab ich gesehen
Zuweilen einen vermummten Gast
Unheimlich hinter mir stehen.

Unter dem Mantel hielt er etwas
Verborgen, das seltsam blinkte,
15 Wenn es zum Vorschein kam, und ein Beil,
Ein Richtbeil, zu sein mir dünkte.

Er schien von untersetzter Statur,
Die Augen wie zwei Sterne;
Er störte mich im Schreiben nie,
20 Blieb ruhig stehn in der Ferne.

Seit Jahren hatte ich nicht gesehn
Den sonderbaren Gesellen,
Da fand ich ihn plötzlich wieder hier
In der stillen Mondnacht zu Köllen.

---

[1] Niccolò Paganini (1782–1840), Komponist und virtuoser Geiger
[2] guter Hausgeist, Vertraute(r) der Familie
[3] Schriftsteller aus Hannover (1780–1838), Sekretär und Reisebegleiter Paganinis
[4] Das Gerücht war in Frankreich weit verbreitet.
[5] geisterhafte, unheimliche, den Willen bestimmende Macht; warnende innere, göttliche Stimme des griechischen Philosophen Sokrates (469–399 v. Chr.)

25 Ich schlenderte sinnend die Straßen entlang,
Da sah ich ihn hinter mir gehen,
Als ob er mein Schatten wäre, und stand
Ich still, so blieb er stehen.

Blieb stehen, als wartete er auf was,
30 Und förderte ich die Schritte,
Dann folgte er wieder. So kamen wir
Bis auf des Domplatz Mitte.

Es ward mir unleidlich, ich drehte mich um
Und sprach: „Jetzt steh mir Rede,
35 Was folgst du mir auf Weg und Steg,
Hier in der nächtlichen Öde?

Ich treffe dich immer in der Stund,
Wo Weltgefühle sprießen
In meiner Brust und durch das Hirn
40 Die Geistesblitze schießen.

Du siehst mich an so stier[1] und fest –.
Steh Rede: was verhüllst du
Hier unter dem Mantel, das heimlich blinkt?
Wer bist du und was willst du?"

45 Doch jener erwiderte trocknen Tons,
Sogar ein bisschen phlegmatisch:
„Ich bitte dich, exorziere[2] mich nicht,
Und werde nur nicht emphatisch[3]!

Ich bin kein Gespenst der Vergangenheit,
50 Kein grabentstiegener Strohwisch[4],
Und von Rhetorik bin ich kein Freund,
Bin auch nicht sehr philosophisch.

---

[1] starr
[2] exorzieren: böse Geister durch Beschwörung austreiben
[3] eindringlich, nachdrücklich
[4] kleines Strohbündel

Ich bin von praktischer Natur
Und immer schweigsam und ruhig.
55 Doch wisse: was du ersonnen im Geist,
Das führ ich aus, das tu ich.

Und gehn auch Jahre drüber hin,
Ich raste nicht, bis ich verwandle
In Wirklichkeit, was du gedacht;
60 Du denkst, und ich, ich handle.

Du bist der Richter, der Büttel[1] bin ich,
Und mit dem Gehorsam des Knechtes
Vollstreck ich das Urteil, das du gefällt,
Und sei es ein ungerechtes.

65 Dem Konsul trug man ein Beil voran,
Zu Rom, in alten Tagen.
Auch du hast deinen Liktor[2], doch wird
Das Beil dir nachgetragen.

Ich bin dein Liktor, und ich geh
70 Beständig mit dem blanken
Richtbeile hinter dir – ich bin
Die Tat von deinem Gedanken."

---

[1] Gerichtsdiener
[2] Amtsdiener, die Rutenbündel und Richtbeil als Zeichen richterlicher Gewalt trugen

Caput VII

Ich ging nach Haus und schlief, als ob
Die Engel gewiegt mich hätten.
Man ruht in deutschen Betten so weich,
Denn das sind Federbetten.

5 Wie sehnt ich mich oft nach der Süßigkeit
Des vaterländischen Pfühles[1],
Wenn ich auf harten Matratzen lag,
In der schlaflosen Nacht des Exiles!

Man schläft sehr gut und träumt auch gut
10 In unsern Federbetten.
Hier fühlt die deutsche Seele sich frei
Von allen Erdenketten.

Sie fühlt sich frei und schwingt sich empor
Zu den höchsten Himmelsräumen.
15 O deutsche Seele, wie stolz ist dein Flug
In deinen nächtlichen Träumen!

Die Götter erbleichen, wenn du nahst!
Du hast auf deinen Wegen
Gar manches Sternlein ausgeputzt
20 Mit deinen Flügelschlägen!

Franzosen und Russen gehört das Land,
Das Meer gehört den Briten,
Wir aber besitzen im Luftreich des Traums
Die Herrschaft unbestritten.

25 Hier üben wir die Hegemonie[2],
Hier sind wir unzerstückelt;
Die andern Völker haben sich
Auf platter Erde entwickelt. – –

---

[1] Kissen, Bett
[2] Vorherrschaft

Und als ich einschlief, da träumte mir,
30 Ich schlenderte wieder im hellen
Mondschein die hallenden Straßen entlang,
In dem altertümlichen Köllen.

Und hinter mir ging wieder einher
Mein schwarzer, vermummter Begleiter.
35 Ich war so müde, mir brachen die Knie,
Doch immer gingen wir weiter.

Wir gingen weiter. Mein Herz in der Brust
War klaffend aufgeschnitten,
Und aus der Herzenswunde hervor
40 Die roten Tropfen glitten.

Ich tauchte manchmal die Finger hinein,
Und manchmal ist es geschehen,
Dass ich die Haustürpfosten bestrich[1]
Mit dem Blut im Vorübergehen.

45 Und jedes Mal, wenn ich ein Haus
Bezeichnet in solcher Weise,
Ein Sterbeglöckchen erscholl fernher,
Wehmütig wimmernd und leise.

Am Himmel aber erblich der Mond,
50 Er wurde immer trüber;
Gleich schwarzen Rossen jagten an ihm
Die wilden Wolken vorüber.

Und immer ging hinter mir einher
Mit seinem verborgenen Beile
55 Die dunkle Gestalt – so wanderten wir
Wohl eine gute Weile.

---

[1] Vor dem Auszug aus Ägypten mussten die Israeliten die Türpfosten mit dem Blut eines geschlachteten Lammes bestreichen, um der Tötung ihrer Erstgeborenen zu entgehen (vgl. 2. Mose 12, V. 7, 13).

Wir gehen und gehen, bis wir zuletzt
Wieder zum Domplatz gelangen;
Weit offen standen die Pforten dort,
60 Wir sind hineingegangen.

Es herrschte im ungeheuren Raum
Nur Tod und Nacht und Schweigen;
Es brannten Ampeln[1] hie und da,
Um die Dunkelheit recht zu zeigen.

65 Ich wandelte lange den Pfeilern entlang
Und hörte nur die Tritte
Von meinem Begleiter, er folgte mir
Auch hier bei jedem Schritte.

Wir kamen endlich zu einem Ort,
70 Wo funkelnde Kerzenhelle
Und blitzendes Gold und Edelstein;
Das war die Drei-Königs-Kapelle.

Die Heil'gen Drei Könige jedoch,
Die sonst so still dort lagen,
75 O Wunder! sie saßen aufrecht jetzt
Auf ihren Sarkophagen[2].

Drei Totengeripppe, fantastisch geputzt,
Mit Kronen auf den elenden
Vergilbten Schädeln, sie trugen auch
80 Das Zepter in knöchernen Händen.

Wie Hampelmänner bewegten sie
Die längst verstorbenen Knochen;
Die haben nach Moder und zugleich
Nach Weihrauchduft gerochen.

---

[1] hängende Öllampen
[2] Prunksärgen

85 Der eine bewegte sogar den Mund
Und hielt eine Rede, sehr lange;
Er setzte mir auseinander, warum
Er meinen Respekt verlange.

Zuerst weil er ein Toter sei,
90 Und zweitens weil er ein König,
Und drittens weil er ein Heil'ger sei, –
Das alles rührte mich wenig.

Ich gab ihm zur Antwort lachenden Muts:
„Vergebens ist deine Bemühung!
95 Ich sehe, dass du der Vergangenheit
Gehörst in jeder Beziehung.

Fort! fort von hier! im tiefen Grab
Ist eure natürliche Stelle.
Das Leben nimmt jetzt in Beschlag
100 Die Schätze dieser Kapelle.

Der Zukunft fröhliche Kavallerie[1]
Soll hier im Dome hausen.
Und weicht ihr nicht willig, so brauch ich Gewalt[2]
Und lass euch mit Kolben lausen[3]!"

105 So sprach ich und ich drehte mich um,
Da sah ich furchtbar blinken
Des stummen Begleiters furchtbares Beil –
Und er verstand mein Winken.

---

[1] berittene Truppeneinheit
[2] In Goethes Gedicht *Erlkönig* sagt die Titelgestalt zum Kind: „Und bist du nicht willig, so brauch ich Gewalt."
[3] mit dem Knüppel schlagen, zur Vernunft bringen

Er nahte sich und mit dem Beil
110 Zerschmetterte er die armen
Skelette des Aberglaubens, er schlug
Sie nieder ohn' Erbarmen.

Es dröhnte der Hiebe Widerhall
Aus allen Gewölben entsetzlich, –
115 Blutströme schossen aus meiner Brust,
Und ich erwachte plötzlich.

Caput VIII

Von Köllen bis Hagen kostet die Post
Fünf Taler sechs Groschen preußisch[1].
Die Diligence[2] war leider besetzt,
Und ich kam in die offene Beischais'[3].

5 Ein Spätherbstmorgen, feucht und grau,
Im Schlamme keuchte der Wagen;
Doch trotz des schlechten Wetters und Wegs
Durchströmte mich süßes Behagen.

Das ist ja meine Heimatluft!
10 Die glühende Wange empfand es!
Und dieser Landstraßenkot[4], er ist
Der Dreck meines Vaterlandes!

Die Pferde wedelten mit dem Schwanz,
So traulich wie alte Bekannte,
15 Und ihre Mistküchlein dünkten mir schön
Wie die Äpfel der Atalante[5]!

Wir fuhren durch Mülheim. Die Stadt ist nett,
Die Menschen still und fleißig.
War dort zuletzt im Monat Mai
20 Des Jahres einunddreißig.

Damals stand alles im Blütenschmuck
Und die Sonnenlichter lachten,
Die Vögel sangen sehnsuchtvoll,
Und die Menschen hofften und dachten –

---

1 In Preußen entsprach ein Taler 30 Silbergroschen und 360 Pfennigen.
2 geschlossene Kutsche der Eilpost; vgl. frz. diligence: Sorgfalt
3 halbgeschlossener Wagen, der bei Bedarf zusätzlich zur Diligence eingesetzt wurde
4 verschlammte Wege
5 In einer griechischen Sage besiegt Hippomenes Atalante, um die er wirbt, im Wettlauf, indem er drei goldene Äpfel fallen lässt, die er von der Liebesgöttin Aphrodite erhalten hat und die seine Konkurrentin aufhebt.

25 Sie dachten: „Die magere Ritterschaft[1]
Wird bald von hinnen reisen[2],
Und der Abschiedstrunk wird ihnen kredenzt[3]
Aus langen Flaschen von Eisen[4]!

Und die Freiheit kommt mit Spiel und Tanz,
30 Mit der Fahne, der weiß-blau-roten[5];
Vielleicht holt sie sogar aus dem Grab
Den Bonaparte[6], den toten!"

Ach Gott! die Ritter sind immer noch hier,
Und manche dieser Gäuche[7],
35 Die spindeldürre gekommen ins Land,
Die haben jetzt dicke Bäuche.

Die blassen Kanaillen[8], die ausgesehn
Wie Liebe, Glauben und Hoffen[9],
Sie haben seitdem in unserm Wein
40 Sich rote Nasen gesoffen – – –

Und die Freiheit hat sich den Fuß verrenkt,
Kann nicht mehr springen und stürmen;
Die Trikolore in Paris
Schaut traurig herab von den Türmen.

---

[1] die Preußen
[2] von hier weggehen
[3] serviert
[4] Gewehren
[5] der Trikolore (eigentlich blau-weiß-rot), seit der Französischen Revolution Nationalflagge Frankreichs
[6] Napoleon I. (1769–1821), 1804–1814/15 französischer Kaiser
[7] Narren
[8] Schurken
[9] nach 1. Korinther 13, V. 13, Grundsätze christlicher Lebenseinstellung

45 Der Kaiser ist auferstanden seitdem[1],
Doch die englischen[2] Würmer haben
Aus ihm einen stillen Mann gemacht,
Und er ließ sich wieder begraben.

Hab selber sein Leichenbegängnis gesehn,
50 Ich sah den goldenen Wagen
Und die goldenen Siegesgöttinnen drauf,
Die den goldenen Sarg getragen.

Den Elysäischen Feldern[3] entlang,
Durch des Triumphes Bogen,
55 Wohl durch den Nebel, wohl über den Schnee,
Kam langsam der Zug gezogen.

Misstönend schauerlich war die Musik.
Die Musikanten starrten
Vor Kälte. Wehmütig grüßten mich
60 Die Adler der Standarten.

Die Menschen schauten so geisterhaft
In alter Erinnrung verloren –
Der imperiale Märchentraum
War wieder heraufbeschworen.

65 Ich weinte an jenem Tag. Mir sind
Die Tränen ins Auge gekommen,
Als ich den verschollenen Liebesruf,
Das *Vive l'Empereur!*[4] vernommen.

---

[1] Napoleons Leiche wurde 1840 von der Insel St. Helena nach Paris ge-
     bracht und am 15. Dezember im Invalidendom feierlich bestattet.
[2] St. Helena gehörte zu England.
[3] der Prachtstraße Champs Elysées, die zum Triumphbogen führt. In der
     griechischen Mythologie sind die elysischen Gefilde ein Teil der Unter-
     welt, wo die Seligen leben.
[4] Es lebe der Kaiser!

Caput IX

Von Köllen war ich drei Viertel auf acht
Des Morgens fortgereiset;
Wir kamen nach Hagen schon gegen drei,
Da ward zu Mittag gespeiset.

5 Der Tisch war gedeckt. Hier fand ich ganz
Die altgermanische Küche.
Sei mir gegrüßt, mein Sauerkraut,
Holdselig sind deine Gerüche!

Gestowte[1] Kastanien im grünen Kohl!
10 So aß ich sie einst bei der Mutter!
Ihr heimischen Stockfische[2], seid mir gegrüßt!
Wie schwimmt ihr klug in der Butter!

Jedwedem fühlenden Herzen bleibt
Das Vaterland ewig teuer –
15 Ich liebe auch recht braun geschmort
Die Bücklinge[3] und Eier.

Wie jauchzten die Würste im spritzelnden Fett!
Die Krammetsvögel[4], die frommen
Gebratenen Englein mit Apfelmus,
20 Sie zwitscherten mir: „Willkommen!"

„Willkommen, Landsmann" – zwitscherten sie –
„Bist lange ausgeblieben,
Hast dich mit fremdem Gevögel so lang
In der Fremde herumgetrieben!"

---

[1] im Ofen gegarte
[2] auf Stockgerüsten getrocknete Fische
[3] geräucherte Heringe
[4] Wacholderdrosseln, eine westfälische Spezialität

₂₅ Es stand auf dem Tische eine Gans,
Ein stilles, gemütliches Wesen.
Sie hat vielleicht mich einst geliebt,
Als wir beide noch jung gewesen.

Sie blickte mich an so bedeutungsvoll,
₃₀ So innig, so treu, so wehe!
Besaß eine schöne Seele[1] gewiss,
Doch war das Fleisch sehr zähe.

Auch einen Schweinskopf trug man auf
In einer zinnernen Schüssel;
₃₅ Noch immer schmückt man den Schweinen bei uns
Mit Lorbeerblättern den Rüssel[2].

---

[1] für Goethe und Schiller Inbegriff menschlicher Vollkommenheit
[2] Anspielung auf die Dichterkrönung mit einem Lorbeerkranz für Poeten,
die im Auftrag des Adels schreiben

Caput X

Dicht hinter Hagen ward es Nacht,
Und ich fühlte in den Gedärmen
Ein seltsames Frösteln. Ich konnte mich erst
Zu Unna, im Wirtshaus, erwärmen.

5 Ein hübsches Mädchen fand ich dort,
Die schenkte mir freundlich den Punsch ein;
Wie gelbe Seide das Lockenhaar,
Die Augen sanft wie Mondschein.

Den lispelnd westfälischen Akzent
10 Vernahm ich mit Wollust wieder.
Viel süße Erinnerung dampfte der Punsch,
Ich dachte der lieben Brüder,

Der lieben Westfalen, womit ich so oft
In Göttingen getrunken[1],
15 Bis wir gerührt einander ans Herz
Und unter die Tische gesunken!

Ich habe sie immer so lieb gehabt,
Die lieben, guten Westfalen,
Ein Volk so fest, so sicher, so treu,
20 Ganz ohne Gleißen[2] und Prahlen.

Wie standen sie prächtig auf der Mensur[3]
Mit ihren Löwenherzen!
Es fielen so grade, so ehrlich gemeint,
Die Quarten und die Terzen[4].

---

[1] Heine war dort 1824/25 Mitglied der Studentenverbindung *Guestphalia*.
[2] Glänzen, Glitzern
[3] Fechtkampf von Studenten mit blanker Waffe und Verletzungsrisiko
[4] Stellungen der Klingen bei der Mensur

25 Sie fechten gut, sie trinken gut,
Und wenn sie die Hand dir reichen
Zum Freundschaftsbündnis, dann weinen sie;
Sind sentimentale Eichen.

Der Himmel erhalte dich, wackres Volk,
30 Er segne deine Saaten,
Bewahre dich vor Krieg und Ruhm,
Vor Helden und Heldentaten.

Er schenke deinen Söhnen stets
Ein sehr gelindes Examen,
35 Und deine Töchter bringe er hübsch
Unter die Haube[1] – Amen!

---

[1] Zeichen der verheirateten Frau

Caput XI

Das ist der Teutoburger Wald[1],
Den Tacitus[2] beschrieben,
Das ist der klassische Morast,
Wo Varus[3] stecken geblieben.

5 Hier schlug ihn der Cheruskerfürst[4],
Der Hermann, der edle Recke;
Die deutsche Nationalität,
Sie siegte in diesem Drecke.

Wenn Hermann nicht die Schlacht gewann,
10 Mit seinen blonden Horden,
So gäb es deutsche Freiheit nicht mehr,
Wir wären römisch geworden!

In unserem Vaterland herrschten jetzt
Nur römische Sprache und Sitten,
15 Vestalen[5] gäb es in München sogar,
Die Schwaben hießen Quiriten[6]!

Der Hengstenberg[7] wär ein Haruspex[8]
Und grübelte in den Gedärmen
Von Ochsen. Neander wär ein Augur[9]
20 Und schaute nach Vogelschwärmen.

---

[1] Er erstreckt sich südlich von Osnabrück und Bielefeld (vgl. die Karte auf S. 104 f. im Anhang).
[2] römischer Geschichtsschreiber (um 55 – nach 115), der ein Werk über Germanien verfasste
[3] römischer Feldherr, der mit seinen Legionen 9 n. Chr. besiegt wurde
[4] Cherusker: germanischer Stamm
[5] Vestalinnen: Priesterinnen der Vesta, evtl. auch Prostituierte
[6] ehrenvolle Anrede römischer Bürger in der Volksversammlung
[7] Vgl. Anm. 6 auf S. 20. Außer ihm werden in den folgenden Strophen weitere Zeitgenossen Heines genannt, die in Berlin leben und in den ergänzenden Erläuterungen auf S. 92 f. im Anhang näher bezeichnet sind.
[8] römischer Priester, der seine Weissagungen aus den Eingeweiden von Opfertieren ableitet
[9] römischer Priester, der am Verhalten der Vögel die Zukunft erkennt

Birch-Pfeiffer söffe Terebentin[1],
Wie einst die römischen Damen.
(Man sagt, dass sie dadurch den Urin
Besonders wohlriechend bekamen.)

25 Der Raumer wäre kein deutscher Lump,
Er wäre ein röm'scher Lumpazius[2].
Der Freiligrath dichtete ohne Reim,
Wie weiland Flaccus Horazius[3].

Der grobe Bettler, Vater Jahn,
30 Der hieße jetzt Grobianus.
Me hercule![4] Maßmann spräche Latein,
Der Marcus Tullius[5] Maßmanus!

Die Wahrheitsfreunde würden jetzt
Mit Löwen, Hyänen, Schakalen
35 Sich raufen in der Arena[6], anstatt
Mit Hunden in kleinen Journalen[7].

Wir hätten *einen* Nero[8] jetzt,
Statt Landesväter drei Dutzend.
Wir schnitten uns die Adern auf[9],
40 Den Schergen[10] der Knechtschaft trutzend.

---

[1] Terpentin, damals das aromatische Harz des Terebinthenbaums, nach dessen Einnahme der Harn nach Veilchen duften soll
[2] witzige lateinische Form von „Lump" wie „Grobianus" (V. 30) oder „Maßmanus" (V. 32)
[3] Horaz (65 – 8 v. Chr.), einer der berühmtesten Dichter der lateinischen Literatur, die keine Endreime kennt
[4] Beim Herkules! Der griechische Halbgott gilt als stark und unbeherrscht.
[5] Vornamen Ciceros, des bekannten römischen Redners, Schriftstellers und Staatsmanns
[6] wie die christlichen Märtyrer in der römischen Kaiserzeit
[7] Zeitungen/Zeitschriften; vgl. le jour: der Tag
[8] grausamer römischer Kaiser (37/54–68)
[9] Seneca, der römische Philosoph, Dichter, Staatsmann und Erzieher Neros wurde von dem Kaiser, der ihn als Verschwörer verdächtigte, zum Selbstmord gezwungen.
[10] Helfern

Der Schelling wär ganz ein Seneca
Und käme in solchem Konflikt um.
Zu unsrem Cornelius sagten wir:
Cacatum non est pictum[1].

45 Gottlob! Der Hermann gewann die Schlacht,
Die Römer wurden vertrieben,
Varus mit seinen Legionen erlag,
Und wir sind Deutsche geblieben!

Wir blieben deutsch, wir sprechen deutsch,
50 Wie wir es gesprochen haben;
Der Esel heißt Esel, nicht *asinus*,
Die Schwaben blieben Schwaben.

Der Raumer blieb ein deutscher Lump
In unserm deutschen Norden.
55 In Reimen dichtet Freiligrath,
Ist kein Horaz geworden.

Gottlob, der Maßmann spricht kein Latein,
Birch-Pfeiffer schreibt nur Dramen
Und säuft nicht schnöden Terebentin,
60 Wie Roms galante Damen.

O Hermann, dir verdanken wir das!
Drum wird dir, wie sich gebühret,
Zu Detmold ein Monument[2] gesetzt;
Hab selber subskribieret[3].

---

[1] Gekackt ist nicht gemalt.
[2] das Hermannsdenkmal; vgl. S. 137 im Anhang
[3] das Vorhaben unterstützt

Caput XII

Im nächtlichen Walde humpelt dahin
Die Chaise. Da kracht es plötzlich –
Ein Rad ging los. Wir halten still.
Das ist nicht sehr ergötzlich.

5 Der Postillion[1] steigt ab und eilt
Ins Dorf, und ich verweile
Um Mitternacht allein im Wald.
Ringsum ertönt ein Geheule.

Das sind die Wölfe, die heulen so wild,
10 Mit ausgehungerten Stimmen.
Wie Lichter in der Dunkelheit
Die feurigen Augen glimmen.

Sie hörten von meiner Ankunft gewiss,
Die Bestien, und mir zur Ehre
15 Illuminierten[2] sie den Wald
Und singen sie ihre Chöre.

Das ist ein Ständchen, ich merke es jetzt,
Ich soll gefeiert werden!
Ich warf mich gleich in Positur
20 Und sprach mit gerührten Gebärden:

„Mitwölfe! Ich bin glücklich heut
In eurer Mitte zu weilen,
Wo so viel edle Gemüter mir
Mit Liebe entgegenheulen.

25 Was ich in diesem Augenblick
Empfinde, ist unermesslich;
Ach! diese schöne Stunde bleibt
Mir ewig unvergesslich.

---

[1] Postkutscher
[2] illuminieren: festlich beleuchten

Ich danke euch für das Vertraun,
30 Womit ihr mich beehret,
Und das ihr in jeder Prüfungszeit
Durch treue Beweise bewähret.

Mitwölfe! Ihr zweifeltet nie an mir,
Ihr ließet euch nicht fangen
35 Von Schelmen, die euch gesagt, ich sei
Zu den Hunden übergegangen,

Ich sei abtrünnig und werde bald
Hofrat[1] in der Lämmerhürde[2] –
Dergleichen zu widersprechen war
40 Ganz unter meiner Würde.

Der Schafpelz, den ich umgehängt
Zuweilen, um mich zu wärmen,
Glaubt mir's, er brachte mich nie dahin,
Für das Glück der Schafe zu schwärmen.

45 Ich bin kein Schaf, ich bin kein Hund,
Kein Hofrat und kein Schellfisch –
Ich bin ein Wolf geblieben, mein Herz
Und meine Zähne sind wölfisch.

Ich bin ein Wolf und werde stets
50 Auch heulen mit den Wölfen –
Ja, zählt auf mich und helft euch selbst,
Dann wird auch Gott euch helfen!"

Das war die Rede, die ich hielt,
Ganz ohne Vorbereitung;
55 Verstümmelt hat Kolb[3] sie abgedruckt
In der „Allgemeinen Zeitung".

---

[1] Beamtentitel
[2] Einzäunung für die Schafherde
[3] Gustav Kolb (1798–1865), Chefredakteur der Augsburger *Allgemeinen Zeitung*, der Heines Artikel aus Paris wegen der Zensur veränderte

Caput XIII

Die Sonne ging auf bei Paderborn
Mit sehr verdrossner Gebärde.
Sie treibt in der Tat ein verdrießlich Geschäft –
Beleuchten die dumme Erde!

5 Hat sie die eine Seite erhellt,
Und bringt sie mit strahlender Eile
Der andern ihr Licht, so verdunkelt schon
Sich jene mittlerweile.

Der Stein entrollt dem Sisyphus[1],
10 Der Danaiden Tonne[2]
Wird nie gefüllt, und den Erdenball
Beleuchtet vergeblich die Sonne! – –

Und als der Morgennebel zerrann,
Da sah ich am Wege ragen,
15 Im Frührotschein, das Bild des Manns,
Der an das Kreuz geschlagen.

Mit Wehmut erfüllt mich jedes Mal
Dein Anblick, mein armer Vetter,
Der du die Welt erlösen gewollt,
20 Du Narr, du Menschheitsretter!

Sie haben dir übel mitgespielt,
Die Herren vom hohen Rate.
Wer hieß dich auch reden so rücksichtslos
Von der Kirche und vom Staate!

---

[1] griechische Sagengestalt, die für ihren Hochmut damit bestraft wird, in
der Unterwelt einen Felsbrocken auf einen Berg zu wälzen, der vor dem
Gipfel immer wieder herunterrollt

[2] Die 50 Töchter des Danaos mussten Wasser in ein löchriges Fass füllen,
weil sie – mit einer Ausnahme – auf Geheiß ihres Vaters ihre Männer in
der Hochzeitsnacht umbrachten.

25 Zu deinem Malheur[1] war die Buchdruckerei
Noch nicht in jenen Tagen
Erfunden: Du hättest geschrieben ein Buch
Über die Himmelsfragen.

Der Zensor hätte gestrichen darin,
30 Was etwa anzüglich auf Erden,
Und liebend bewahrte dich die Zensur
Vor dem Gekreuzigtwerden.

Ach! hättest du nur einen anderen Text
Zu deiner Bergpredigt[2] genommen,
35 Besäßest ja Geist und Talent genug
Und konntest schonen die Frommen!

Geldwechsler, Bankiers hast du sogar
Mit der Peitsche gejagt aus dem Tempel[3] –
Unglücklicher Schwärmer, jetzt hängst du am Kreuz
40 Als warnendes Exempel!

---

[1] Unglück; vgl. frz. mal: schlecht, heureux: glücklich
[2] Vgl. Matthäus 5 – 7; sie gilt als Zentrum von Jesu Lehre
[3] Vgl. Markus 11, V. 15 – 17

Caput XIV

Ein feuchter Wind, ein kahles Land,
Die Chaise wackelt im Schlamme,
Doch singt es und klingt es in meinem Gemüt:
Sonne, du klagende Flamme!

5 Das ist der Schlussreim des alten Lieds,
Das oft meine Amme gesungen –
„Sonne, du klagende Flamme!", das hat
Wie Waldhornruf geklungen.

Es kommt im Lied ein Mörder vor,
10 Der lebt' in Lust und Freude;
Man findet ihn endlich im Walde gehenkt,
An einer grauen Weide.

Des Mörders Todesurteil war
Genagelt am Weidenstamme;
15 Das haben die Rächer der Feme¹ getan –
Sonne, du klagende Flamme!

Die Sonne war Kläger, sie hatte bewirkt,
Dass man den Mörder verdamme.
Otilie hatte sterbend geschrien:
20 „Sonne, du klagende Flamme!"

Und denk ich des Liedes, so denk ich auch
Der Amme, der lieben Alten;
Ich sehe wieder ihr braunes Gesicht,
Mit allen Runzeln und Falten.

25 Sie war geboren im Münsterland
Und wusste, in großer Menge,
Gespenstergeschichten, grausenhaft²,
Und Märchen und Volksgesänge.

---

¹ heimliches Gericht, das zum Tode Verurteilte sofort henkte
² grausig

Wie pochte mein Herz, wenn die alte Frau
30 Von der Königstochter[1] erzählte,
Die einsam auf der Heide saß
Und die goldnen Haare strählte[2].

Die Gänse musste sie hüten dort
Als Gänsemagd, und trieb sie
35 Am Abend die Gänse wieder durchs Tor,
Gar traurig stehen blieb sie.

Denn angenagelt über dem Tor
Sah sie ein Rosshaupt ragen,
Das war der Kopf des armen Pferds,
40 Das sie in die Fremde getragen.

Die Königstochter seufzte tief:
„O, Falada, dass du hangest!"
Der Pferdekopf herunterrief:
„O wehe! dass du gangest!"

45 Die Königstochter seufzte tief:
„Wenn das meine Mutter wüsste!"
Der Pferdekopf herunterrief:
„Ihr Herze brechen müsste!"

Mit stockendem Atem horchte ich hin,
50 Wenn die Alte ernster und leiser
Zu sprechen begann und vom Rotbart[3] sprach,
Von unserem heimlichen Kaiser.

Sie hat mir versichert, er sei nicht tot,
Wie da glauben die Gelehrten,
55 Er hause versteckt in einem Berg
Mit seinen Waffengefährten.

---

[1] Vgl. das Märchen *Die Gänsemagd* auf S. 129 – 131 im Anhang
[2] kämmte
[3] ital. Barbarossa, Beiname des Stauferkaisers Friedrich I. (ca. 1122/52 – 90);
vgl. S. 131 – 133 im Anhang

Kyffhäuser[1] ist der Berg genannt,
Und drinnen ist eine Höhle;
Die Ampeln erhellen so geisterhaft
60 Die hochgewölbten Säle.

Ein Marstall[2] ist der erste Saal,
Und dorten kann man sehen
Viel Tausend Pferde, blankgeschirrt[3],
Die an den Krippen stehen.

65 Sie sind gesattelt und gezäumt,
Jedoch von diesen Rossen
Kein einziges wiehert, kein einziges stampft,
Sind still, wie aus Eisen gegossen.

Im zweiten Saale, auf der Streu,
70 Sieht man Soldaten liegen,
Viel Tausend Soldaten, bärtiges Volk,
Mit kriegerisch trotzigen Zügen.

Sie sind gerüstet von Kopf bis Fuß,
Doch alle diese Braven[4],
75 Sie rühren sich nicht, bewegen sich nicht,
Sie liegen fest und schlafen.

Hochaufgestapelt im dritten Saal
Sind Schwerter, Streitäxte, Speere,
Harnische[5], Helme, von Silber und Stahl,
80 Altfränkische[6] Feuergewehre.

---

[1] Bergrücken bei Frankenhausen südöstlich des Harzes; vgl. S. 133 im Anhang
[2] Gebäude für die Pferde und Wagen eines Fürsten
[3] in glänzendem Geschirr
[4] Tüchtigen, Tapferen, Rechtschaffenen; vgl. engl./frz. brave
[5] Ritterrüstungen, Brustpanzer
[6] wie sie die Vorfahren benutzten, altmodisch

Sehr wenig Kanonen, jedoch genug,
Um eine Trophäe[7] zu bilden.
Hoch ragt daraus eine Fahne hervor,
Die Farbe ist schwarz-rot-gülden.

85 Der Kaiser bewohnt den vierten Saal.
Schon seit Jahrhunderten sitzt er
Auf steinernem Stuhl, am steinernen Tisch,
Das Haupt auf den Armen stützt er.

Sein Bart, der bis zur Erde wuchs,
90 Ist rot wie Feuerflammen,
Zuweilen zwinkert er mit dem Aug,
Zieht manchmal die Braunen[8] zusammen.

Schläft er oder denkt er nach?
Man kann's nicht genau ermitteln;
95 Doch wenn die rechte Stunde kommt,
Wird er gewaltig sich rütteln.

Die gute Fahne ergreift er dann
Und ruft: „Zu Pferd! zu Pferde!"
Sein reisiges Volk[9] erwacht und springt
100 Laut rasselnd empor von der Erde.

Ein jeder schwingt sich auf sein Ross,
Das wiehert und stampft mit den Hufen!
Sie reiten hinaus in die klirrende Welt,
Und die Trompeten rufen.

105 Sie reiten gut, sie schlagen gut,
Sie haben ausgeschlafen.
Der Kaiser hält ein strenges Gericht,
Er will die Mörder bestrafen – –

---

[7] Beute, Siegeszeichen
[8] Augenbrauen
[9] bewaffnete Reiter

Die Mörder, die gemeuchelt einst
110 Die teure, wundersame,
Goldlockigte Jungfrau Germania –
Sonne, du klagende Flamme!

Wohl mancher, der sich geborgen geglaubt
Und lachend auf seinem Schloss saß,
115 Er wird nicht entgehen dem rächenden Strang,
Dem Zorne Barbarossas! – – –

Wie klingen sie lieblich, wie klingen sie süß,
Die Märchen der alten Amme!
Mein abergläubisches Herze jauchzt:
120 Sonne, du klagende Flamme!

Caput XV

Ein feiner Regen prickelt herab,
Eiskalt, wie Nähnadelspitzen.
Die Pferde bewegen traurig den Schwanz,
Sie waten im Kot und schwitzen.

5 Der Postillion stößt in sein Horn,
Ich kenne das alte Getute –
„Es reiten drei Reiter zum Tor hinaus[1]!" –
Es wird mir so dämmrig zumute.

Mich schläferte und ich entschlief,
10 Und siehe! mir träumte am Ende,
Dass ich mich in dem Wunderberg
Beim Kaiser Rotbart befände.

Er saß nicht mehr auf steinernem Stuhl,
Am steinernen Tisch, wie ein Steinbild;
15 Auch sah er nicht so ehrwürdig aus,
Wie man sich gewöhnlich einbild't.

Er watschelte durch die Säle herum
Mit mir im trauten Geschwätze.
Er zeigte wie ein Antiquar[2]
20 Mir seine Kuriosa[3] und Schätze.

Im Saale der Waffen erklärte er mir,
Wie man sich der Kolben[4] bediene,
Von einigen Schwertern rieb er den Rost
Mit seinem Hermeline[5].

---

[1] Anfang eines Abschiedslieds aus der Sammlung *Des Knaben Wunderhorn* (vgl. S. 160 im Anhang)
[2] jemand, der mit alten Kunstwerken/Büchern handelt
[3] merkwürdige Dinge
[4] Waffen; Teil der Gewehre
[5] wertvoller weißer Pelzumhang von Personen höchsten Standes

25 Er nahm einen Pfauenwedel zur Hand
Und reinigte vom Staube
Gar manchen Harnisch, gar manchen Helm,
Auch manche Pickelhaube.

Die Fahne stäubte er gleichfalls ab,
30 Und er sprach: „Mein größter Stolz ist,
Dass noch keine Motte die Seide zerfraß
Und auch kein Wurm im Holz ist."

Und als wir kamen in den Saal,
Wo schlafend am Boden liegen
35 Viel Tausend Krieger, kampfbereit,
Der Alte sprach mit Vergnügen:

„Hier müssen wir leiser reden und gehn,
Damit wir nicht wecken die Leute;
Wieder verflossen sind hundert Jahr
40 Und Löhnungstag ist heute."

Und siehe! der Kaiser nahte sich sacht
Den schlafenden Soldaten
Und steckte heimlich in die Tasch'
Jedwedem einen Dukaten.

45 Er sprach mit schmunzelndem Gesicht,
Als ich ihn ansah verwundert:
„Ich zahle einen Dukaten per Mann
Als Sold nach jedem Jahrhundert."

Im Saale, wo die Pferde stehn
50 In langen, schweigenden Reihen,
Da rieb der Kaiser sich die Händ,
Schien sonderbar sich zu freuen.

Er zählte die Gäule, Stück vor Stück,
Und klätschelte ihnen die Rippen;
55 Er zählte und zählte, mit ängstlicher Hast
Bewegten sich seine Lippen.

„Das ist noch nicht die rechte Zahl" –
Sprach er zuletzt verdrossen –
„Soldaten und Waffen hab ich genung,
60 Doch fehlt es noch an Rossen.

Rosskämme[1] hab ich ausgeschickt
In alle Welt, die kaufen
Für mich die besten Pferde ein,
Hab schon einen guten Haufen.

65 Ich warte, bis die Zahl komplett,
Dann schlag ich los und befreie
Mein Vaterland, mein deutsches Volk,
Das meiner harret mit Treue."

So sprach der Kaiser, ich aber rief:
70 „Schlag los, du alter Geselle,
Schlag los, und hast du nicht Pferde genug,
Nimm Esel an ihrer Stelle."

Der Rotbart erwiderte lächelnd: „Es hat
Mit dem Schlagen gar keine Eile,
75 Man baute nicht Rom in einem Tag,
Gut Ding will haben Weile.

Wer heute nicht kommt, kommt morgen gewiss,
Nur langsam wächst die Eiche,
Und *chi va piano va sano*[2], so heißt
80 Das Sprüchwort im römischen Reiche."

---

[1] Pferdehändler
[2] Wer langsam geht, geht sicher.

Caput XVI

Das Stoßen des Wagens weckte mich auf,
Doch sanken die Augenlider
Bald wieder zu, und ich entschlief
Und träumte vom Rotbart wieder.

5 Ging wieder schwatzend mit ihm herum
Durch alle die hallenden Säle;
Er frug mich dies, er frug mich das,
Verlangte, dass ich erzähle.

Er hatte aus der Oberwelt
10 Seit vielen, vielen Jahren,
Wohl seit dem Siebenjährigen Krieg[1],
Kein Sterbenswort erfahren.

Er frug nach Moses Mendelssohn[2],
Nach der Karschin[3], mit Intresse
15 Frug er nach der Gräfin Dübarry[4],
Des fünfzehnten Ludwigs Mätresse.

„O Kaiser", rief ich, „wie bist du zurück!
Der Moses ist längst gestorben,
Nebst seiner Rebekka[5], auch Abraham,
20 Der Sohn, ist gestorben, verdorben.

---

[1] 1756–63 zwischen Preußen (Friedrich der Große) und Österreich (Maria Theresia) mit ihren Verbündeten um Schlesien
[2] mit Lessing befreundeter jüdischer Philosoph der Aufklärung (1729–86) und Vorbild für dessen *Nathan*
[3] Anna Luise Karsch (1722–91), die in ihrer Lyrik Preußen und Friedrich den Großen verherrlichte
[4] Marie Jeanne Dubarry (1743–1793), Geliebte des französischen Königs, auf Anordnung Robespierres hingerichtet
[5] Ehefrau Isaaks im Alten Testament; Mendelssohns Gattin hatte den Vornamen Fromet.

Der Abraham hatte mit Lea erzeugt
Ein Bübchen, Felix heißt er,
Der brachte es weit im Christentum,
Ist schon Kapellenmeister[1].

25 Die alte Karschin ist gleichfalls tot,
Auch die Tochter ist tot, die Klencke;
Helmine Chézy[2], die Enkelin,
Ist noch am Leben, ich denke.

Die Dübarry lebte lustig und flott,
30 Solange Ludwig regierte,
Der Fünfzehnte nämlich, sie war schon alt,
Als man sie guillotinierte.

Der König Ludwig der Fünfzehnte starb
Ganz ruhig in seinem Bette,
35 Der Sechzehnte aber ward guillotiniert
Mit der Königin Antoinette.

Die Königin zeigte großen Mut,
Ganz wie es sich gebührte,
Die Dübarry aber weinte und schrie,
40 Als man sie guillotinierte." – –

Der Kaiser blieb plötzlich stillestehn
Und sah mich an mit den stieren
Augen und sprach: „Um Gotteswill'n,
Was ist das, guillotinieren?"

45 „Das Guillotinieren" – erklärte ich ihm –
„Ist eine neue Methode,
Womit man die Leute jeglichen Stands
Vom Leben bringt zu Tode.

---

[1] Felix Mendelssohn-Bartholdy (1809–47), Komponist und Dirigent, zum
Katholizismus konvertiert und seit 1841 in preußischem Dienst
[2] beide populäre Dichterinnen

Bei dieser Methode bedient man sich
50 Auch einer neuen Maschine,
Die hat erfunden Herr Guillotin[1],
Drum nennt man sie Guillotine.

Du wirst hier an ein Brett geschnallt; –
Das senkt sich; – du wirst geschoben
55 Geschwinde zwischen zwei Pfosten; – es hängt
Ein dreieckig Beil ganz oben; –

Man zieht eine Schnur, dann schießt herab
Das Beil, ganz lustig und munter; –
Bei dieser Gelegenheit fällt dein Kopf
60 In einen Sack hinunter."

Der Kaiser fiel mir in die Red:
„Schweig still, von deiner Maschine
Will ich nichts wissen, Gott bewahr',
Dass ich mich ihrer bediene!

65 Der König und die Königin!
Geschnallt! an einem Brette!
Das ist ja gegen allen Respekt
Und alle Etikette[2]!

Und du, wer bist du, dass du es wagst,
70 Mich so vertraulich zu duzen?
Warte, du Bürschchen, ich werde dir schon
Die kecken Flügel stutzen!

Es regt mir die innerste Galle auf,
Wenn ich dich höre sprechen,
75 Dein Odem[3] schon ist Hochverrat
Und Majestätsverbrechen!"

---

[1] Er erfand den Hinrichtungsapparat nicht selbst, sondern verlangte, weniger grausam und in einheitlicher Weise zu töten (vgl. Caput XVII, V. 23 f. auf S. 56).
[2] höfische Verhaltensregeln
[3] Atem

Als solchermaßen in Eifer geriet
Der Alte und sonder[1] Schranken
Und Schonung mich anschnob, da platzten heraus
80 Auch mir die geheimsten Gedanken.

„Herr Rotbart" – rief ich laut – „du bist
Ein altes Fabelwesen,
Geh, leg dich schlafen, wir werden uns
Auch ohne dich erlösen.

85 Die Republikaner lachen uns aus,
Sehn sie an unserer Spitze
So ein Gespenst mit Zepter und Kron;
Sie rissen schlechte Witze.

Auch deine Fahne gefällt mir nicht mehr,
90 Die altdeutschen Narren verdarben
Mir schon in der Burschenschaft die Lust
An den schwarz-rot-goldnen Farben.

Das Beste wäre, du bliebest zu Haus,
Hier in dem alten Kyffhäuser –
95 Bedenk ich die Sache ganz genau,
So brauchen wir gar keinen Kaiser."

[1] ohne

Caput XVII

Ich habe mich mit dem Kaiser gezankt
Im Traum, im Traum versteht sich, –
Im wachenden Zustand sprechen wir nicht
Mit Fürsten so widersetzig[1];

5 Nur träumend, im idealen Traum,
Wagt ihnen der Deutsche zu sagen
Die deutsche Meinung, die er so tief
Im treuen Herzen getragen.

Als ich erwacht', fuhr ich einem Wald
10 Vorbei, der Anblick der Bäume,
Der nackten hölzernen Wirklichkeit,
Verscheuchte meine Träume.

Die Eichen schüttelten ernsthaft das Haupt,
Die Birken und Birkenreiser
15 Sie nickten so warnend – und ich rief:
„Vergib mir, mein teurer Kaiser!

Vergib mir, o Rotbart, das rasche Wort!
Ich weiß, du bist viel weiser
Als ich, ich habe so wenig Geduld –
20 Doch komme du bald, mein Kaiser!

Behagt dir das Guillotinieren nicht,
So bleib bei den alten Mitteln:
Das Schwert für Edelleute, der Strick
Für Bürger und Bauern in Kitteln.

25 Nur manchmal wechsle ab und lass
Den Adel hängen und köpfe
Ein bisschen die Bürger und Bauern, wir sind
Ja alle Gottesgeschöpfe.

---

[1] rebellisch

Stell wieder her das Halsgericht,
30 Das peinliche Karls des Fünften[1],
Und teile wieder ein das Volk
Nach Ständen, Gilden und Zünften[2].

Das alte Heil'ge Römische Reich[3],
Stell's wieder her, das ganze,
35 Gib uns den modrigsten Plunder zurück
Mit allem Firlifanze.

Das Mittelalter, immerhin,
Das wahre, wie es gewesen,
Ich will es ertragen – erlöse uns nur
40 Von jenem Zwitterwesen[4],

Von jenem Kamaschenrittertum[5],
Das ekelhaft ein Gemisch ist
Von gotischem[6] Wahn und modernem Lug,
Das weder Fleisch noch Fisch ist.

45 Jag fort das Komödiantenpack,
Und schließe die Schauspielhäuser,
Wo man die Vorzeit parodiert –
Komme du bald, o Kaiser!"

---

[1] Die *Constitutio Criminalis Carolina* (Peinliche Gerichtsordnung) regelte Strafrecht und -prozess für das ganze Reich, bis sie im 18. Jh. regionale Gesetzbücher ersetzten. Das Adjektiv *peinlich* (lat. poenalis: die Strafe betreffend) bezieht sich hier auf „Leib und Leben".

[2] Stände: Adel, Klerus, Bürgertum als gesellschaftliche Ordnung im Feudalismus; Gilden, Zünfte: Zusammenschlüsse von Kaufleuten und Handwerkern

[3] Seit 962 verstand es sich als Nachfolger des römischen Imperiums.

[4] Preußen, das Heine mit dem Mittelalter in Verbindung bringt (vgl. Caput III, V. 37 – 52 auf S. 11 f.)

[5] Gamaschen: Überstrumpf aus Stoff oder Leder mit Knöpfen; Ausdruck für militärisches Auftreten, das sich überlebt hat

[6] Gotik: Kunststil des Hoch- und Spätmittelalters

Caput XVIII

Minden ist eine feste Burg,
Hat gute Wehr und Waffen[1]!
Mit preußischen Festungen hab ich jedoch
Nicht gerne was zu schaffen.

5 Wir kamen dort an zur Abendzeit.
Die Planken[2] der Zugbrück stöhnten
So schaurig, als wir hinübergerollt;
Die dunklen Gräben gähnten.

Die hohen Bastionen[3] schauten mich an,
10 So drohend und verdrossen;
Das große Tor ging rasselnd auf,
Ward rasselnd wieder geschlossen.

Ach! meine Seele ward betrübt,
Wie des Odysseus Seele,
15 Als er gehört, dass Polyphem[4]
Den Felsblock schob vor die Höhle.

Es trat an den Wagen ein Korporal[5]
Und frug uns: wie wir hießen?
„Ich heiße Niemand[6], bin Augenarzt
20 Und steche den Star[7] den Riesen."

---

[1] nach dem Choral „Ein feste Burg ist unser Gott,/ein gute Wehr und Waffen" von Martin Luther
[2] dicke Bretter
[3] vorspringende Teile von Festungen
[4] einäugiger Riese, Sohn des Poseidon, der vier Gefährten des griechischen Helden verspeist, bevor sich die anderen befreien können
[5] Unteroffizier
[6] So nennt sich Odysseus bei Polyphem, was ihn rettet, nachdem er seinen Gegner geblendet hat.
[7] Beseitigung einer Augenkrankheit; übertragen: jemandem die Augen öffnen/die Wahrheit sagen

Im Wirtshaus ward mir noch schlimmer zumut,
Das Essen wollt mir nicht schmecken.
Ging schlafen sogleich, doch schlief ich nicht,
Mich drückten so schwer die Decken.

25 Es war ein breites Federbett,
Gardinen von rotem Damaste[1],
Der Himmel von verblichenem Gold,
Mit einem schmutzigen Quaste[2].

Verfluchter Quast! der die ganze Nacht
30 Die liebe Ruhe mir raubte!
Er hing mir, wie des Damokles Schwert[3],
So drohend über dem Haupte!

Schien manchmal ein Schlangenkopf zu sein,
Und ich hörte ihn heimlich zischen:
35 „Du bist und bleibst in der Festung jetzt,
Du kannst nicht mehr entwischen!"

„O, dass ich wäre" – seufzte ich –
„Dass ich zu Hause wäre,
Bei meiner lieben Frau in Paris,
40 Im Faubourg Poissonnière[4]!"

Ich fühlte, wie über die Stirne mir
Auch manchmal etwas gestrichen,
Gleich einer kalten Zensorhand,
Und meine Gedanken wichen –

45 Gendarmen in Leichenlaken gehüllt,
Ein weißes Spukgewirre,
Umringte mein Bett, ich hörte auch
Unheimliches Kettengeklirre.

---

[1] gemusterter Stoff
[2] Fransenbüschel zur Verzierung
[3] Dionysos von Syrakus ließ den Höfling unter einem Schwert, das an einem Pferdehaar hing, üppig bewirten, um ihn auf die Gefahr im Glück hinzuweisen.
[4] Straße in Paris, in der Heine 1841–46 wohnte

Ach! die Gespenster schleppten mich fort,
50 Und ich hab mich endlich befunden
An einer steilen Felsenwand;
Dort war ich festgebunden.

Der böse schmutzige Betthimmelquast!
Ich fand ihn gleichfalls wieder,
55 Doch sah er jetzt wie ein Geier aus,
Mit Krallen und schwarzem Gefieder.

Er glich dem preußischen Adler jetzt
Und hielt meinen Leib umklammert;
Er fraß mir die Leber aus der Brust[1],
60 Ich habe gestöhnt und gejammert.

Ich jammerte lange – da krähte der Hahn,
Und der Fiebertraum erblasste.
Ich lag zu Minden im schwitzenden Bett,
Der Adler ward wieder zum Quaste.

65 Ich reiste fort mit Extrapost[2]
Und schöpfte freien Odem
Erst draußen in der freien Natur,
Auf bückeburg'schem Boden.

---

[1] wie Prometheus, der den Göttern das Feuer raubte und dafür bestraft wurde
[2] Sonderfahrt für Einzelreisende

Caput XIX

O, Danton[1], du hast dich sehr geirrt
Und musstest den Irrtum büßen!
Mitnehmen kann man das Vaterland
An den Sohlen, an den Füßen.

5 Das halbe Fürstentum Bückeburg
Blieb mir an den Stiefeln kleben;
So lehmigte Wege habe ich wohl
Noch nie gesehen im Leben.

Zu Bückeburg stieg ich ab in der Stadt,
10 Um dort zu betrachten die Stammburg,
Wo mein Großvater geboren ward[2];
Die Großmutter war aus Hamburg.

Ich kam nach Hannover um Mittagzeit
Und ließ mir die Stiefel putzen.
15 Ich ging sogleich die Stadt zu besehn,
Ich reise gern mit Nutzen.

Mein Gott! da sieht es sauber aus!
Der Kot liegt nicht auf den Gassen.
Viel' Prachtgebäude sah ich dort,
20 Sehr imponierende Massen.

Besonders gefiel mir ein großer Platz,
Umgeben von stattlichen Häusern;
Dort wohnt der König, dort steht sein Palast,
Er ist von schönem Äußern.

---

[1] Georges Danton (1759–94), einer der Anführer der Französischen Revolution, soll, als ihm seine Freunde zur Flucht rieten, gerufen haben: „Fliehen! – Nimmt man sein Vaterland an den Schuhsohlen mit?"
[2] Der Kaufmann Heymann Heine wurde um 1722 in Hannover geboren, der Urgroßvater Simon um 1690 in Bückeburg.

25 (Nämlich der Palast). Vor dem Portal
Zu jeder Seite ein Schildhaus.
Rotröcke[1] mit Flinten halten dort Wacht,
Sie sehen drohend und wild aus.

Mein Cicerone[2] sprach: „Hier wohnt
30 Der Ernst Augustus, ein alter,
Hochtoryscher Lord[3], ein Edelmann,
Sehr rüstig für sein Alter.

Idyllisch sicher haust er hier,
Denn besser als alle Trabanten[4]
35 Beschützet ihn der mangelnde Mut
Von unseren lieben Bekannten[5].

Ich seh ihn zuweilen, er klagt alsdann,
Wie gar langweilig das Amt sei,
Das Königsamt, wozu er jetzt
40 Hier in Hannover verdammt sei.

An großbritannisches Leben gewöhnt,
Sei es ihm hier zu enge,
Ihn plage der Spleen[6], er fürchte schier,
Er halt' es nicht aus auf die Länge.

45 Vorgestern fand ich ihn traurig gebückt
Am Kamin, in der Morgenstunde;
Er kochte höchstselbst ein Lavement[7]
Für seine kranken Hunde."

---

[1] Soldaten in roten Uniformen
[2] Fremdenführer
[3] Bevor er König wurde, führte er die konservativen Tories im englischen Oberhaus. 1843 war er 72 Jahre alt.
[4] Leibwächter
[5] Anders als die *Göttinger Sieben* schwiegen auch manche, als der König die Verfassung außer Kraft setzte (vgl. S. 112 , Z. 13 – 25 im Anhang).
[6] grundloses Krankheitsgefühl, Lebensüberdruss
[7] Abführmittel

Caput XX

Von Harburg fuhr ich in einer Stund
Nach Hamburg. Es war schon Abend.
Die Sterne am Himmel grüßten mich,
Die Luft war lind und labend.

5 Und als ich zu meiner Frau Mutter[1] kam,
Erschrak sie fast vor Freude;
Sie rief: „Mein liebes Kind!" und schlug
Zusammen die Hände beide.

„Mein liebes Kind, wohl dreizehn Jahr
10 Verflossen unterdessen!
Du wirst gewiss sehr hungrig sein –
Sag an, was willst du essen?

Ich habe Fisch und Gänsefleisch
Und schöne Apfelsinen."
15 „So gib mir Fisch und Gänsefleisch
Und schöne Apfelsinen."

Und als ich aß mit großem App'tit,
Die Mutter ward glücklich und munter,
Sie frug wohl dies, sie frug wohl das,
20 Verfängliche Fragen mitunter.

„Mein liebes Kind! und wirst du auch
Recht sorgsam gepflegt in der Fremde?
Versteht deine Frau die Haushaltung,
Und flickt sie dir Strümpfe und Hemde?"

25 „Der Fisch ist gut, lieb Mütterlein,
Doch muss man ihn schweigend verzehren;
Man kriegt so leicht eine Grät in den Hals,
Du darfst mich jetzt nicht stören."

---

[1] Sie wohnte seit 1828 in Hamburg.

Und als ich den braven Fisch verzehrt,
30 Die Gans ward aufgetragen.
Die Mutter frug wieder wohl dies, wohl das,
Mitunter verfängliche Fragen.

„Mein liebes Kind! in welchem Land
Lässt sich am besten leben?
35 Hier oder in Frankreich? und welchem Volk
Wirst du den Vorzug geben?"

„Die deutsche Gans, lieb Mütterlein,
Ist gut, jedoch die Franzosen,
Sie stopfen[1] die Gänse besser als wir,
40 Auch haben sie bessere Saucen." –

Und als die Gans sich wieder empfahl,
Da machten ihre Aufwartung
Die Apfelsinen, sie schmeckten so süß,
Ganz über alle Erwartung.

45 Die Mutter aber fing wieder an
Zu fragen sehr vergnüglich
Nach tausend Dingen, mitunter sogar
Nach Dingen, die sehr anzüglich.

„Mein liebes Kind! wie denkst du jetzt?
50 Treibst du noch immer aus Neigung
Die Politik? Zu welcher Partei
Gehörst du mit Überzeugung?"

„Die Apfelsinen, lieb Mütterlein,
Sind gut, und mit wahrem Vergnügen
55 Verschlucke ich den süßen Saft,
Und ich lasse die Schalen liegen."

---

[1] füllen

Caput XXI

Die Stadt, zur Hälfte abgebrannt[1],
Wird aufgebaut allmählich;
Wie 'n Pudel, der halb geschoren ist,
Sieht Hamburg aus, trübselig.

5 Gar manche Gassen fehlen mir,
Die ich nur ungern vermisse –
Wo ist das Haus, wo ich geküsst
Der Liebe erste Küsse?

Wo ist die Druckerei, wo ich
10 Die „Reisebilder" druckte?
Wo ist der Austerkeller, wo ich
Die ersten Austern schluckte?

Und der Dreckwall[2], wo ist der Dreckwall hin?
Ich kann ihn vergeblich suchen!
15 Wo ist der Pavillon[3], wo ich
Gegessen so manchen Kuchen?

Wo ist das Rathaus, worin der Senat
Und die Bürgerschaft gethronet?
Ein Raub der Flammen! Die Flamme hat
20 Das Heiligste nicht verschonet.

Die Leute seufzten noch vor Angst,
Und mit wehmüt'gem Gesichte
Erzählten sie mir vom großen Brand
Die schreckliche Geschichte:

---

[1] Der Brand vom 5. – 8. Mai 1842 zerstörte ein Drittel der inneren Stadt,
    darunter auch das Haus, in dem Heines Mutter wohnte. 20.000 Men-
    schen wurden obdachlos (vgl. das Bild auf S. 100 im Anhang).
[2] Bezeichnung der Straße aufgrund ihrer Baugeschichte; vor dem Brand
    Teil des Judenquartiers
[3] Kaffeehäuschen am Jungfernstieg an der Binnenalster

25 „Es brannte an allen Ecken zugleich,
Man sah nur Rauch und Flammen!
Die Kirchentürme loderten auf
Und stürzten krachend zusammen.

Die alte Börse ist verbrannt,
30 Wo unsere Väter gewandelt,
Und miteinander Jahrhunderte lang
So redlich als möglich gehandelt.

Die Bank, die silberne Seele der Stadt[1],
Und die Bücher, wo eingeschrieben
35 Jedweden Mannes Banko[2]-Wert,
Gottlob! sie sind uns geblieben!

Gottlob! man kollektierte[3] für uns
Selbst bei den fernsten Nationen –
Ein gutes Geschäft – die Kollekte betrug
40 Wohl an die acht Millionen.

Aus allen Ländern floss das Geld
In unsre offnen Hände,
Auch Viktualien[4] nahmen wir an,
Verschmähten keine Spende.

45 Man schickte uns Kleider und Betten genug,
Auch Brot und Fleisch und Suppen!
Der König von Preußen wollte sogar
Uns schicken seine Truppen.

Der materielle Schaden ward
50 Vergütet, das ließ sich schätzen –
Jedoch den Schrecken, unseren Schreck,
Den kann uns niemand ersetzen!"

---

[1] Das Gebäude wurde zerstört, der Silberschatz blieb aber erhalten.
[2] Hamburger Währung bis 1873
[3] sammelte; vgl. Kollekte
[4] Lebensmittel

Aufmunternd sprach ich: „Ihr lieben Leut,
Ihr müsst nicht jammern und flennen,
55 Troja[1] war eine bessere Stadt
Und musste doch verbrennen.

Baut eure Häuser wieder auf
Und trocknet eure Pfützen,
Und schafft euch bessre Gesetze an
60 Und bessre Feuerspritzen.

Gießt nicht zu viel Cayenne-Piment[2]
In eure Mockturtelsuppen[3],
Auch eure Karpfen sind euch nicht gesund,
Ihr kocht sie so fett mit den Schuppen.

65 Kalkuten[4] schaden euch nicht viel,
Doch hütet euch vor der Tücke
Des Vogels, der sein Ei gelegt
In des Bürgermeisters Perücke. – –

Wer dieser fatale Vogel ist,
70 Ich brauch es euch nicht zu sagen –
Denk ich an ihn, so dreht sich herum
Das Essen in meinem Magen.“

---

[1] Homer erzählt von ihrer Zerstörung in der *Ilias*.
[2] pfefferartiges Gewürz
[3] unechte, aus Kalbskopf hergestellte Schildkrötensuppe
[4] Truthähne

Caput XXII

Noch mehr verändert als die Stadt
Sind mir die Menschen erschienen,
Sie gehn so betrübt und gebrochen herum,
Wie wandelnde Ruinen.

5 Die mageren sind noch dünner jetzt,
Noch fetter sind die feisten[1],
Die Kinder sind alt, die Alten sind
Kindisch geworden, die meisten.

Gar manche, die ich als Kälber verließ,
10 Fand ich als Ochsen wieder;
Gar manches kleine Gänschen ward
Zur Gans mit stolzem Gefieder.

Die alte Gudel[2] fand ich geschminkt
Und geputzt wie eine Sirene[3];
15 Hat schwarze Locken sich angeschafft
Und blendend weiße Zähne.

Am besten hat sich konserviert[4]
Mein Freund, der Papierverkäufer,
Sein Haar ward gelb und umwallt sein Haupt,
20 Sieht aus wie Johannes der Täufer.

Den ****, den sah ich nur von fern,
Er huschte mir rasch vorüber;
Ich höre, sein Geist ist abgebrannt
Und war versichert bei Bieber.

---

[1] dicken
[2] Die in diesem und im nächsten Caput genannten Hamburger Personen werden in den ergänzenden Erläuterungen auf S. 93 im Anhang näher beschrieben.
[3] in der griechischen Mythologie eine der Jungfrauen mit Vogelkörpern, die Seeleute mit ihrem Gesang anlockten und töteten
[4] erhalten

25 Auch meinen alten Zensor sah
Ich wieder. Im Nebel, gebücket,
Begegnet' er mir auf dem Gänsemarkt,
Schien sehr darniedergedrücket.

Wir schüttelten uns die Hände, es schwamm
30 Im Auge des Manns eine Träne.
Wie freute er sich, mich wiederzusehn!
Es war eine rührende Szene. –

Nicht alle fand ich. Mancher hat
Das Zeitliche gesegnet.
35 Ach! meinem Gumpelino sogar
Bin ich nicht mehr begegnet.

Der Edle hatte ausgehaucht
Die große Seele soeben,
Und wird als verklärter Seraph[1] jetzt
40 Am Throne Jehovas schweben.

Vergebens suchte ich überall
Den krummen Adonis[2], der Tassen
Und Nachtgeschirre von Porzellan
Feilbot in Hamburgs Gassen.

45 Sarras[3], der treue Pudel, ist tot.
Ein großer Verlust! Ich wette,
Dass Campe lieber ein ganzes Schock[4]
Schriftsteller verloren hätte. – –

---

[1] Engel; im Alten Testament sechsflügeliges Wesen in der Nähe Gottes (Jehovas, Jahwes)
[2] in der griechischen Mythologie Geliebter der Schönheitsgöttin; allgemein: schöner Jüngling; hier: ein Hausierer und stadtbekanntes Original
[3] der Hund von Heines Verleger Julius Campe (1792–1867)
[4] 60 Stück, viele

Die Population[1] des Hamburger Staats
50 Besteht, seit Menschengedenken,
Aus Juden und Christen; es pflegen auch
Die Letztren nicht viel zu verschenken.

Die Christen sind alle ziemlich gut,
Auch essen sie gut zu Mittag,
55 Und ihre Wechsel bezahlen sie prompt,
Noch vor dem letzten Respittag[2].

Die Juden teilen sich wieder ein
In zwei verschiedne Parteien;
Die Alten gehn in die Synagog
60 Und in den Tempel die Neuen[3].

Die Neuen essen Schweinefleisch[4],
Zeigen sich widersetzig,
Sind Demokraten; die Alten sind
Vielmehr aristokrätzig[5].

65 Ich liebe die Alten, ich liebe die Neu'n –
Doch schwör ich beim ewigen Gotte,
Ich liebe gewisse Fischchen noch mehr,
Man heißt sie geräucherte Sprotte.

---

[1] Bevölkerung
[2] allerletzten Zahlungstermin
[3] Der Tempelverein hatte den Gottesdienst reformiert, was zu einer Spaltung der Hamburger Juden führte.
[4] Das ist strenggläubigen Juden verboten (vgl. etwa 5. Mose 14, V. 8).
[5] Neologismus aus aristokratisch (adlig, vornehm) und krätzig (von der Krätze, einer Hautkrankheit befallen; unansehnlich)

Caput XXIII

Als Republik war Hamburg nie
So groß wie Venedig und Florenz,
Doch Hamburg hat bessere Austern; man speist
Die besten im Keller von Lorenz[1].

5   Es war ein schöner Abend, als ich
Mich hinbegab mit Campen;
Wir wollten miteinander dort
In Rheinwein und Austern schlampampen[2].

Auch gute Gesellschaft fand ich dort,
10   Mit Freude sah ich wieder
Manch alten Genossen, z. B. Chaufepié,
Auch manche neue Brüder.

Da war der Wille, dessen Gesicht
Ein Stammbuch[3], worin mit Hieben
15   Die akademischen Feinde sich
Recht leserlich eingeschrieben.

Da war der Fuchs, ein blinder Heid
Und persönlicher Feind des Jehova,
Glaubt nur an Hegel und etwa noch
20   An die Venus des Canova[4].

Mein Campe war Amphitryo[5]
Und lächelte vor Wonne;
Sein Auge strahlte Seligkeit,
Wie eine verklärte Madonne.

---

[1]   wegen ihrer guten Küche bekannte Gastwirtschaft
[2]   Wortspiel aus *schlemmen*, *schlampen* und *Schlampampe*, dem Namen einer Wirtin in mehreren Komödien
[3]   Erinnerungsbuch mit Einträgen von Freunden und Bekannten
[4]   Antonio Canova (1757–1822), italienischer Bildhauer des Klassizismus, für dessen Venus eine Schwester Napoleons Modell war
[5]   wohlwollender Gastgeber; griechischer Feldherr, in dessen Gestalt Zeus mit Alkmene, der Gattin Amphitryons, Herkules zeugt

25 Ich aß und trank, mit gutem App'tit,
Und dachte in meinem Gemüte:
„Der Campe ist wirklich ein großer Mann,
Ist aller Verleger Blüte.

Ein andrer Verleger hätte mich
30 Vielleicht verhungern lassen,
Der aber gibt mir zu trinken sogar;
Werde ihn niemals verlassen.

Ich danke dem Schöpfer in der Höh,
Der diesen Saft der Reben
35 Erschuf, und zum Verleger mir
Den Julius Campe gegeben!

Ich danke dem Schöpfer in der Höh,
Der, durch sein großes Werde,
Die Austern erschaffen in der See
40 Und den Rheinwein auf der Erde!

Der auch Zitronen wachsen ließ,
Die Austern zu betauen –
Nun lass mich, Vater, diese Nacht
Das Essen gut verdauen!"

45 Der Rheinwein stimmt mich immer weich
Und löst jedwedes Zerwürfnis
In meiner Brust, entzündet darin
Der Menschenliebe Bedürfnis.

Es treibt mich aus dem Zimmer hinaus,
50 Ich muss in den Straßen schlendern;
Die Seele sucht eine Seele und späht
Nach zärtlich weißen Gewändern.

In solchen Momenten zerfließe ich fast
Vor Wehmut und vor Sehnen;
55 Die Katzen scheinen mir alle grau,
Die Weiber alle Helenen[1]. – – –

Und als ich auf die Drehbahn[2] kam,
Da sah ich im Mondenschimmer
Ein hehres[3] Weib, ein wunderbar
60 Hochbusiges Frauenzimmer.

Ihr Antlitz war rund und kerngesund,
Die Augen wie blaue Turkoasen[4],
Die Wangen wie Rosen, wie Kirschen der Mund,
Auch etwas rötlich die Nase.

65 Ihr Haupt bedeckte eine Mütz
Von weißem gesteiftem Linnen[5],
Gefältelt wie eine Mauerkron,
Mit Türmchen und zackigen Zinnen[6].

Sie trug eine weiße Tunika[7],
70 Bis an die Waden reichend.
Und welche Waden! Das Fußgestell
Zwei dorischen[8] Säulen gleichend.

---

[1] Helena, in der Antike Inbegriff weiblicher Schönheit. Ihre Entführung löste den Trojanischen Krieg aus.
[2] Straße, wo sich die Prostituierten aufhalten
[3] erhabenes, Ehrfurcht einflößendes
[4] Türkise; blau-grüne Edelsteine
[5] Leinen
[6] in Anlehnung an das Hamburger Stadtwappen mit drei Türmen und sieben Zinnen (vgl. S. 103 im Anhang)
[7] römisches Leinenhemd in Weiß, das über die Knie reichte
[8] gedrungenen, schweren, stämmigen

Die weltlichste Natürlichkeit
Konnt man in den Zügen lesen;
75 Doch das übermenschliche Hinterteil
Verriet ein höheres Wesen[1].

Sie trat zu mir heran und sprach:
„Willkommen an der Elbe,
Nach dreizehnjähr'ger Abwesenheit –
80 Ich sehe, du bist noch derselbe!

Du suchst die schönen Seelen vielleicht,
Die dir so oft begegnet
Und mit dir geschwärmt die Nacht hindurch,
In dieser schönen Gegend.

85 Das Leben verschlang sie, das Ungetüm,
Die hundertköpfige Hyder[2];
Du findest nicht die alte Zeit
Und die Zeitgenössinnen wieder!

Du findest die holden Blumen nicht mehr,
90 Die das junge Herz vergöttert;
Hier blühten sie – jetzt sind sie verwelkt,
Und der Sturm hat sie entblättert.

Verwelkt, entblättert, zertreten sogar
Von rohen Schicksalsfüßen –
95 Mein Freund, das ist auf Erden das Los
Von allem Schönen[3] und Süßen!"

„Wer bist du?" – rief ich – „du schaust mich an
Wie 'n Traum aus alten Zeiten –
Wo wohnst du, großes Frauenbild?
100 Und darf ich dich begleiten?"

---

1 Aphrodite-Venus hat den Beinamen *Kallipygos* (mit dem schönen Hintern)
2 Hydra, in der griechischen Mythologie eine neunköpfige Wasserschlange, der für jeden abgeschlagenen Kopf zwei neue nachwachsen
3 Zitat von Theklas Worten anlässlich des Todes ihres Geliebten, Max Piccolomini, in Schillers Drama *Wallensteins Tod*

Da lächelte das Weib und sprach:
„Du irrst dich, ich bin eine feine,
Anständ'ge, moralische Person;
Du irrst dich, ich bin nicht so *eine*.

105 Ich bin nicht so eine kleine Mamsell[1],
So eine welsche Lorettin[2] –
Denn wisse: ich bin Hammonia,
Hamburgs beschützende Göttin!

Du stutzest und erschreckst sogar,
110 Du sonst so mutiger Sänger!
Willst du mich noch begleiten jetzt?
Wohlan, so zögre nicht länger."

Ich aber lachte laut und rief:
„Ich folge auf der Stelle –
115 Schreit du voran, ich folge dir,
Und ging' es in die Hölle!"

---

[1] Abkürzung von Mademoiselle; bis ins 19. Jh. Anrede unverheirateter Bürgertöchter, dann Wirtschafterin/Dienstbotin
[2] französische Dirne

Caput XXIV

Wie ich die enge Saaltrepp[1] hinauf
Gekommen, ich kann es nicht sagen;
Es haben unsichtbare Geister mich
Vielleicht hinaufgetragen.

5 Hier, in Hammonias Kämmerlein,
Verflossen mir schnell die Stunden.
Die Göttin gestand die Sympathie,
Die sie immer für mich empfunden.

„Siehst du" – sprach sie – „in früherer Zeit
10 War mir am meisten teuer
Der Sänger, der den Messias besang[2]
Auf seiner frommen Leier.

Dort auf der Kommode steht noch jetzt
Die Büste von meinem Klopstock,
15 Jedoch seit Jahren dient sie mir
Nur noch als Haubenkopfstock[3].

Du bist mein Liebling jetzt, es hängt
Dein Bildnis zu Häupten des Bettes;
Und siehst du, ein frischer Lorbeer umkränzt
20 Den Rahmen des holden Porträtes.

Nur dass du meine Söhne so oft
Genergelt[4], ich muss es gestehen,
Hat mich zuweilen tief verletzt;
Das darf nicht mehr geschehen.

---

[1] Sie führt in die Räume der oberen Stockwerke (Säle) eines Wohnhauses und hat einen eigenen Zugang.
[2] Friedrich Gottlieb Klopstock (1724–1803), der ab 1770 in Hamburg lebte, in dem gleichnamigen Versepos
[3] Haubenstock bzw. -kopf: Haubenhalter
[4] genörgelt, geärgert

25 Es hat die Zeit dich hoffentlich
Von solcher Unart geheilet,
Und dir eine größere Toleranz
Sogar für Narren erteilet.

Doch sprich, wie kam der Gedanke dir,
30 Zu reisen nach dem Norden
In solcher Jahreszeit? Das Wetter ist
Schon winterlich geworden!"

„O, meine Göttin!" – erwiderte ich –
„Es schlafen tief im Grunde
35 Des Menschenherzens Gedanken, die oft
Erwachen zur unrechten Stunde.

Es ging mir äußerlich ziemlich gut,
Doch innerlich war ich beklommen,
Und die Beklemmnis täglich wuchs –
40 Ich hatte das Heimweh bekommen.

Die sonst so leichte französische Luft,
Sie fing mich an zu drücken;
Ich musste Atem schöpfen hier
In Deutschland, um nicht zu ersticken.

45 Ich sehnte mich nach Torfgeruch,
Nach deutschem Tabaksdampfe;
Es bebte mein Fuß vor Ungeduld,
Dass er deutschen Boden stampfe.

Ich seufzte des Nachts und sehnte mich,
50 Dass ich sie[1] wiedersähe,
Die alte Frau, die am Dammtor wohnt;
Das Lottchen wohnt in der Nähe.

---

[1] seine Mutter, seine Schwester Charlotte und seinen Onkel Salomon

Auch jenem edlen alten Herrn,
Der immer mich ausgescholten
55 Und immer großmütig beschützt, auch ihm
Hat mancher Seufzer gegolten.

Ich wollte wieder aus seinem Mund
Vernehmen den ‚dummen Jungen!‘,
Das hat mir immer wie Musik
60 Im Herzen nachgeklungen.

Ich sehnte mich nach dem blauen Rauch,
Der aufsteigt aus deutschen Schornsteinen,
Nach niedersächsischen Nachtigall'n,
Nach stillen Buchenhainen.

65 Ich sehnte mich nach den Plätzen sogar,
Nach jenen Leidensstationen[1],
Wo ich geschleppt das Jugendkreuz
Und meine Dornenkronen –

Ich wollte weinen, wo ich einst
70 Geweint die bittersten Tränen –
Ich glaube, Vaterlandsliebe nennt
Man dieses törichte Sehnen.

Ich spreche nicht gern davon; es ist
Nur eine Krankheit im Grunde.
75 Verschämten Gemütes, verberge ich stets
Dem Publiko[2] meine Wunde.

Fatal ist mir das Lumpenpack,
Das, um die Herzen zu rühren,
Den Patriotismus trägt zur Schau
80 Mit allen seinen Geschwüren.

---

[1] Heine war in Hamburg unglücklich verliebt und beruflich erfolglos (vgl. S. 95 im Anhang).
[2] Publikum

Schamlose schäbige Bettler sind's,
Almosen wollen sie haben –
Ein'n Pfennig Popularität
Für Menzel und seine Schwaben[1]!

85 O, meine Göttin, du hast mich heut
In weicher Stimmung gefunden;
Bin etwas krank, doch pfleg ich mich,
Und ich werde bald gesunden.

Ja, ich bin krank, und du könntest mir
90 Die Seele sehr erfrischen
Durch eine gute Tasse Tee;
Du musst ihn mit Rum vermischen."

---

[1] Menzel (vgl. S. 92, Z. 10–13 im Anhang), der mit der *Schwäbischen Dichterschule* sympathisierte

Caput XXV

Die Göttin hat mir Tee gekocht
Und Rum hineingegossen;
Sie selber aber hat den Rum
Ganz ohne Tee genossen.

5 An meine Schulter lehnte sie
Ihr Haupt (die Mauerkrone,
Die Mütze, ward etwas zerknittert davon),
Und sie sprach mit sanftem Tone:

„Ich dachte manchmal mit Schrecken dran,
10 Dass du in dem sittenlosen
Paris so ganz ohne Aufsicht lebst,
Bei jenen frivolen[1] Franzosen.

Du schlenderst dort herum und hast
Nicht mal an deiner Seite
15 Einen treuen deutschen Verleger, der dich
Als Mentor[2] warne und leite.

Und die Verführung ist dort so groß,
Dort gibt es viele Sylphiden[3],
Die ungesund, und gar zu leicht
20 Verliert man den Seelenfrieden.

Geh nicht zurück und bleib bei uns;
Hier herrschen noch Zucht und Sitte,
Und manches stille Vergnügen blüht
Auch hier, in unserer Mitte.

---

[1]   leichtfertigen
[2]   Lehrer, Ratgeber; Freund des Odysseus, der sich, solange dieser fort ist,
       um das Anwesen kümmert und dessen Sohn Telemachos erzieht
[3]   Luftgeister, Prostituierte

25 Bleib bei uns in Deutschland, es wird dir hier
   Jetzt besser als eh'mals munden;
   Wir schreiten fort, du hast gewiss
   Den Fortschritt selbst gefunden.

   Auch die Zensur ist nicht mehr streng,
30 Hoffmann wird älter und milder,
   Und streicht nicht mehr mit Jugendzorn
   Dir deine ‚Reisebilder'.

   Du selbst bist älter und milder jetzt,
   Wirst dich in manches schicken,
35 Und wirst sogar die Vergangenheit
   In besserem Lichte erblicken.

   Ja, dass es uns früher so schrecklich ging
   In Deutschland, ist Übertreibung;
   Man konnte entrinnen der Knechtschaft, wie einst
40 In Rom, durch Selbstentleibung[1].

   Gedankenfreiheit genoss das Volk,
   Sie war für die großen Massen,
   Beschränkung traf nur die g'ringe Zahl
   Derjen'gen, die drucken lassen.

45 Gesetzlose Willkür herrschte nie,
   Dem schlimmsten Demagogen[2]
   Ward niemals ohne Urteilspruch
   Die Staatskokarde[3] entzogen.

   So übel war es in Deutschland nie,
50 Trotz aller Zeitbedrängnis –
   Glaub mir, verhungert ist nie ein Mensch
   In einem deutschen Gefängnis.

---

[1] Vgl. Anm. 9 auf S. 38. Friedrich Ludwig Weidig, mit Georg Büchner Verfasser des *Hessischen Landboten*, hatte sich 1837 im Gefängnis die Pulsadern aufgeschnitten.
[2] Vgl. S. 112 im Anhang
[3] Hoheitsabzeichen an Dienstmützen von Beamten und Soldaten. Mit ihr gingen die bürgerlichen Ehrenrechte verloren.

Es blühte in der Vergangenheit
So manche schöne Erscheinung
55 Des Glaubens und der Gemütlichkeit;
Jetzt herrscht nur Zweifel, Verneinung.

Die praktische äußere Freiheit wird einst
Das Ideal vertilgen,
Das wir im Busen getragen – es war
60 So rein wie der Traum der Liljen!

Auch unsre schöne Poesie
Erlischt, sie ist schon ein wenig
Erloschen; mit andren Königen stirbt
Auch Freiligraths Mohrenkönig[1].

65 Der Enkel wird essen und trinken genug,
Doch nicht in beschaulicher Stille;
Es poltert heran ein Spektakelstück,
Zu Ende geht die Idylle.

O, könntest du schweigen, ich würde dir
70 Das Buch des Schicksals entsiegeln,
Ich ließe dir spätere Zeiten sehn
In meinen Zauberspiegeln.

Was ich den sterblichen Menschen nie
Gezeigt, ich möcht es dir zeigen:
75 Die Zukunft deines Vaterlands –
Doch ach! du kannst nicht schweigen!"

„Mein Gott, o Göttin!" – rief ich entzückt –
„Das wäre mein größtes Vergnügen,
Lass mich das künftige Deutschland sehn –
80 Ich bin ein Mann und verschwiegen.

---

1 Titelfigur in der Ballade *Der Mohrenfürst* von Ferdinand Freiligrath. Heine kritisierte, dass sie die Verletzung der Menschenrechte an einem Stammesfürsten illustriere.

Ich will dir schwören jeden Eid,
Den du nur magst begehren,
Mein Schweigen zu verbürgen dir –
Sag an, wie soll ich schwören?"

85 Doch jene erwiderte: „Schwöre mir
In Vater Abrahams Weise,
Wie er Eliesern schwören ließ,
Als dieser sich gab auf die Reise[1].

Heb auf das Gewand und lege die Hand
90 Hier unten an meine Hüften,
Und schwöre mir Verschwiegenheit
In Reden und in Schriften!"

Ein feierlicher Moment! Ich war
Wie angeweht vom Hauche
95 Der Vorzeit, als ich schwur den Eid,
Nach uraltem Erzväterbrauche[2].

Ich hob das Gewand der Göttin auf
Und legte an ihre Hüften
Die Hand, gelobend Verschwiegenheit
100 In Reden und in Schriften.

---

[1] Er sollte in der Heimat seines Herrn eine Frau für dessen Sohn Isaak finden (vgl. 1. Mose 24, V. 2 f., 9).
[2] nach Art der Stammväter Israels: Abraham, Isaak und Jakob

Caput XXVI

Die Wangen der Göttin glühten so rot
(Ich glaube, in die Krone
Stieg ihr der Rum) und sie sprach zu mir
In sehr wehmütigem Tone:

5 „Ich werde alt. Geboren bin ich
Am Tage von Hamburgs Begründung.
Die Mutter war Schellfischkönigin
Hier an der Elbe Mündung.

Mein Vater war ein großer Monarch,
10 Carolus Magnus[1] geheißen,
Er war noch mächt'ger und klüger sogar
Als Friedrich der Große von Preußen.

Der Stuhl ist zu Aachen, auf welchem er
Am Tage der Krönung ruhte[2];
15 Den Stuhl, worauf er saß in der Nacht[3],
Den erbte die Mutter, die gute.

Die Mutter hinterließ ihn mir,
Ein Möbel von scheinlosem Äußern,
Doch böte mir Rothschild[4] all sein Geld,
20 Ich würde ihn nicht veräußern.

Siehst du, dort in dem Winkel steht
Ein alter Sessel, zerrissen
Das Leder der Lehne, von Mottenfraß
Zernagt das Polsterkissen.

---

[1] Karl der Große soll 814 die Schutzfestung *Hammaburg*, das spätere Hamburg, gegründet haben.
[2] Der Kaiser wurde nicht im Dom zu Aachen, wo sich sein Thron bis heute befindet, gekrönt, sondern an Weihnachten 800 in Rom.
[3] Er war mit einer Kloschüssel ausgestattet.
[4] europaweit tätige Bankiersfamilie

25 Doch gehe hin und hebe auf
Das Kissen von dem Sessel,
Du schaust eine runde Öffnung dann,
Darunter einen Kessel –

Das ist ein Zauberkessel, worin
30 Die magischen Kräfte brauen,
Und steckst du in die Ründung den Kopf,
So wirst du die Zukunft schauen –

Die Zukunft Deutschlands erblickst du hier,
Gleich wogenden Phantasmen[1],
35 Doch schaudre nicht, wenn aus dem Wust
Aufsteigen die Miasmen[2]!"

Sie sprach's und lachte sonderbar,
Ich aber ließ mich nicht schrecken,
Neugierig eilte ich, den Kopf
40 In die furchtbare Ründung zu stecken.

Was ich gesehn, verrate ich nicht,
Ich habe zu schweigen versprochen,
Erlaubt ist mir zu sagen kaum,
O Gott! was ich gerochen! – – –

45 Ich denke mit Widerwillen noch
An jene schnöden, verfluchten
Vorspielgerüche, das schien ein Gemisch
Von altem Kohl und Juchten[3].

Entsetzlich waren die Düfte, o Gott!
50 Die sich nachher erhuben;
Es war, als fegte man den Mist
Aus sechsunddreißig Gruben[4]. – – –

---

[1] Trugbildern
[2] giftige Ausdünstungen
[3] mit Birkenteeröl imprägniertes Leder, das in Russland hergestellt wurde
[4] Anspielung auf die deutschen Einzelstaaten

Ich weiß wohl, was Saint-Just[1] gesagt
Weiland[2] im Wohlfahrtsausschuss[3]:
55 Man heile die große Krankheit nicht
Mit Rosenöl und Moschus[4] –

Doch dieser deutsche Zukunftsduft
Mocht alles überragen,
Was meine Nase je geahnt –
60 Ich konnt es nicht länger ertragen – – –

Mir schwanden die Sinne, und als ich aufschlug
Die Augen, saß ich an der Seite
Der Göttin noch immer, es lehnte mein Haupt
An ihre Brust, die breite.

65 Es blitzte ihr Blick, es glühte ihr Mund,
Es zuckten die Nüstern der Nase,
Bacchantisch[5] umschlang sie den Dichter und sang
Mit schauerlich wilder Ekstase[6]:

„Bleib bei mir in Hamburg, ich liebe dich,
70 Wir wollen trinken und essen
Den Wein und die Austern der Gegenwart,
Und die dunkle Zukunft vergessen.

Den Deckel darauf! damit uns nicht
Der Missduft die Freude vertrübet –
75 Ich liebe dich, wie je ein Weib
Einen deutschen Poeten geliebet!

---

[1] radikaler Vertreter der Französischen Revolution und Gesinnungsgenosse Robespierres, mit dem er hingerichtet wurde
[2] einst
[3] in der Terrorphase der Französischen Revolution 1793/94 höchstes Regierungsgremium
[4] Drüsensekret der männlichen Moschushirsche, das wegen seines besonderen Geruchs für Parfums verwendet wird
[5] ausgelassen, verzückt, wie die Begleiter/innen des antiken Weingottes Bacchus
[6] rauschhafter, tranceartiger Zustand

Ich küsse dich, und ich fühle, wie mich
Dein Genius begeistert;
Es hat ein wunderbarer Rausch
80 Sich meiner Seele bemeistert.

Mir ist, als ob ich auf der Straß
Die Nachtwächter singen hörte –
Es sind Hymenäen[1], Hochzeitmusik,
Mein süßer Lustgefährte!

85 Jetzt kommen die reitenden Diener[2] auch
Mit üppig lodernden Fackeln,
Sie tanzen ehrbar den Fackeltanz,
Sie springen und hüpfen und wackeln.

Es kommt der hoch- und wohlweise Senat,
90 Es kommen die Oberalten[3];
Der Bürgermeister räuspert sich
Und will eine Rede halten.

In glänzender Uniform erscheint
Das Korps der Diplomaten[4];
95 Sie gratulieren mit Vorbehalt
Im Namen der Nachbarstaaten.

Es kommt die geistliche Deputation[5],
Rabbiner und Pastöre –
Doch ach! da kommt der Hoffmann auch
100 Mit seiner Zensorschere!

Die Schere klirrt in seiner Hand,
Es rückt der wilde Geselle
Dir auf den Leib – er schneidet ins Fleisch –
Es war die beste Stelle.“

---

[1] nach dem griechischen Hochzeitsgott Hymenäus benannte Lieder
[2] Boten des Hamburger Senats, der Stadtregierung
[3] der Ältestenrat
[4] die Vertreter fremder, zu jener Zeit auch deutscher Staaten
[5] Abordnung

Caput XXVII

Was sich in jener Wundernacht
Des Weitern zugetragen,
Erzähl ich euch ein andermal,
In warmen Sommertagen.

5 Das alte Geschlecht der Heuchelei
Verschwindet Gott sei Dank heut,
Es sinkt allmählich ins Grab, es stirbt
An seiner Lügenkrankheit.

Es wächst heran ein neues Geschlecht,
10 Ganz ohne Schminke und Sünden,
Mit freien Gedanken, mit freier Lust –
Dem werde ich alles verkünden.

Schon knospet die Jugend, welche versteht
Des Dichters Stolz und Güte
15 Und sich an seinem Herzen wärmt,
An seinem Sonnengemüte.

Mein Herz ist liebend wie das Licht
Und rein und keusch wie das Feuer;
Die edelsten Grazien[1] haben gestimmt
20 Die Saiten meiner Leier.

Es ist dieselbe Leier[2], die einst
Mein Vater ließ ertönen,
Der selige Herr Aristophanes[3],
Der Liebling der Kamönen[4].

---

[1] griechische Göttinnen der Anmut und Schönheit
[2] Saiteninstrument, Lyra; Symbol der Lyrik
[3] griech. Komödiendichter (vor 445 – ca. 385 v. Chr.); vgl. S. 156–158 im Anhang
[4] Musen, Göttinnen der Künste

25 Es ist die Leier, worauf er einst
Den Paisteteros[1] besungen,
Der um die Basileia gefreit,
Mit ihr sich emporgeschwungen.

Im letzten Kapitel hab ich versucht,
30 Ein bisschen nachzuahmen
Den Schluss der „Vögel", die sind gewiss
Das beste von Vaters Dramen.

Die „Frösche" sind auch vortrefflich. Man gibt
In deutscher Übersetzung
35 Sie jetzt auf der Bühne von Berlin,
Zu königlicher Ergetzung.

Der König[2] liebt das Stück. Das zeugt
Von gutem antiken Geschmacke;
Den Alten[3] amüsierte weit mehr
40 Modernes Froschgequake.

Der König liebt das Stück. Jedoch
Wär noch der Autor am Leben,
Ich riete ihm nicht, sich in Person
Nach Preußen zu begeben.

45 Dem wirklichen Aristophanes,
Dem ginge es schlecht, dem Armen;
Wir würden ihn bald begleitet sehn
Mit Chören von Gendarmen.

Der Pöbel[4] bekäm die Erlaubnis bald,
50 Zu schimpfen statt zu wedeln;
Die Polizei erhielte Befehl,
Zu fahnden auf den Edeln.

---

[1] Mit der Hochzeit von Peisetairos und der Himmelskönigin Basileia endet
die Komödie *Die Vögel* (vgl. S. 156–158 im Anhang).
[2] Friedrich Wilhelm IV.
[3] Friedrich Wilhelm III.
[4] das Gesindel

O König! Ich meine es gut mit dir
Und will einen Rat dir geben:
55 Die toten Dichter, verehre sie nur,
Doch schone, die da leben.

Beleid'ge lebendige Dichter nicht,
Sie haben Flammen und Waffen,
Die furchtbarer sind als Jovis[1] Blitz,
60 Den ja der Poet erschaffen.

Beleid'ge die Götter, die alten und neu'n,
Des ganzen Olymps Gelichter,
Und den höchsten Jehova obendrein –
Beleid'ge nur nicht den Dichter!

65 Die Götter bestrafen freilich sehr hart
Des Menschen Missetaten,
Das Höllenfeuer ist ziemlich heiß,
Dort muss man schmoren und braten –

Doch Heilige gibt es, die aus der Glut
70 Losbeten den Sünder; durch Spenden
An Kirchen und Seelenmessen wird
Erworben ein hohes Verwenden.

Und am Ende der Tage kommt Christus herab
Und bricht die Pforten der Hölle;
75 Und hält er auch ein strenges Gericht,
Entschlüpfen wird mancher Geselle.

Doch gibt es Höllen, aus deren Haft
Unmöglich jede Befreiung,
Hier hilft kein Beten, ohnmächtig ist hier
80 Des Welterlösers Verzeihung.

---

[1] Jovi: Jupiter/Zeus

Kennst du die Hölle des Dante[1] nicht,
Die schrecklichen Terzetten?
Wen da der Dichter hineingesperrt,
Den kann kein Gott mehr retten –

85 Kein Gott, kein Heiland erlöst ihn je
Aus diesen singenden Flammen!
Nimm dich in Acht, dass wir dich nicht
Zu solcher Hölle verdammen.

---

[1] im *Inferno*, dem ersten Teil der *Göttlichen Komödie* von Dante Alighieri (1265–1321), in dem der Dichter auch die Qualen seiner Gegner beschreibt. Das Epos ist in Terzinen, Strophen aus drei Versen mit dem Reimschema aba, bcb, cdc usw., verfasst.

Anhang

1. Ergänzende Erläuterungen

Dunkelmänner (Caput IV, V. 21–32)

Als Dunkelmänner wurden Kölner Dominikanermönche bezeichnet, die sich Anfang des 16. Jahrhunderts im Gegensatz zu dem aufkommenden Humanismus dafür aussprachen, jüdische Schriften zu verbrennen. Dagegen wandte sich der Humanist und Publizist Ulrich von Hutten (1488–1523), der mit Gesinnungsgenossen anonyme, satirische *Dunkelmännerbriefe* verfasste, die im Namen der Gegner deren Dummheit entlarven sollten. Die Angriffe richteten sich besonders gegen Jakob van Hoogstraeten (um 1460–1527), der als Inquisitor in Köln, Mainz und Trier nach Personen, die vom Kirchenglauben abweichen, suchte und über sie urteilte. Heine vergleicht ihn mit Wolfgang Menzel (1798–1873), einem Literaturkritiker und Kontrahenten, der maßgeblich zum Verbot der Schriften des Jungen Deutschland (vgl. S. 117–119) beitrug. Mit den „gift'gen Denunziatiönchen" (S. 15, V. 28) (Denunziation: Anzeige bei einer Behörde aus niederen Beweggründen, z. B. Egoismus, Rache) schwärzte Hoogstraeten Johannes Reuchlin, einen Humanisten aufseiten Huttens, in Rom an, sodass er dessen Schriften verbrennen lassen konnte. 1529 wurde Adolf Clarenbach als erster evangelischer Märtyrer des Rheinlandes verbrannt.

Berliner Zeitgenossen Heines (Caput XI, V. 19–43)

Neander:	Johann August Wilhelm Neander (1789–1850), evangelischer Theologe, Kollege Hengstenbergs und Mitglied im preußischen Oberzensurkollegium
Birch-Pfeiffer:	Charlotte Birch-Pfeiffer (1800–68), Schauspielerin und Verfasserin anspruchsloser, aber beliebter Theaterstücke
Raumer:	Friedrich von Raumer (1781–1873), Professor für Geschichte und Anhänger Preußens

Freiligrath:	Ferdinand Freiligrath (1810–1876), ein Lyriker, von dem Heine wenig hält. Er lebte zwar nicht in Berlin, erhielt vom preußischen König aber eine staatliche Pension, auf die er 1844 verzichtete.
Vater Jahn:	Friedrich Ludwig Jahn (1778–1852), Begründer der deutschen Turnbewegung und als Demagoge verfolgt (vgl. S. 112, Z. 10–12 im Anhang)
Maßmann:	Hans Ferdinand Maßmann (1797–1874), Germanist, der sich auch für die Turner einsetzte
Schelling:	Friedrich Wilhelm Schelling (1775–1854), Philosoph des deutschen Idealismus
Cornelius:	Peter von Cornelius (1783–1867), 1841 nach Berlin berufener Maler

Hamburger Personen (Caput XXII f.)

die alte Gudel (S. 68, V. 13):	eine Prostituierte
der Papierverkäufer (S. 68, V. 18):	der jüdische Papierhändler Eduard Michaelis (1771–1847), der Heine in früheren Auseinandersetzungen unterstützte
Bieber (S. 68, V. 24):	Inhaber einer Versicherungsgesellschaft, die nach dem Großbrand in Konkurs ging
Gumpelino (S. 69, V. 35):	der Bankier Lazarus Gumpel (1768–1843)
Campen (S. 71, V. 6):	Heines Verleger Campe; vgl. S. 97, Z. 35 im Anhang
Chaufepié (S. 71, V. 11):	bekannter Arzt
manche neue Brüder (S. 71, V. 12):	junge Leute, die Heines Überzeugungen nahenstanden
Wille (S. 71, V. 13):	der Journalist Francois Wille (1811–96), dessen Narben im Gesicht beim studentischen Fechten entstanden
Fuchs (S. 71, V. 17):	Friedrich August Fuchs (1811–56), Lehrer für Philosophie am Gymnasium

2. Heinrich Heine und seine Deutschlandreise 1843

Leben und Werk

Heine wurde am 13. De-
zember 1797 in Düssel-
dorf geboren – nicht
1799 oder 1800, wie er
5 selbst häufig angab, um
auf Drängen seiner Ver-
wandten die Tatsache
seiner vorehelichen Ge-
burt geheim zu halten.
10 Er erhielt den Namen
Harry nach einem engli-
schen Geschäftsfreund
seines Vaters; Heinrich
nannte er sich erst nach
15 der christlichen Taufe.
Von Anfang an wurde
Heines Lebensgang von
weltgeschichtlichen Er-
eignissen beeinflusst.

Heines Geburtshaus in der Düsseldorfer
Altstadt. Seine Eltern lebten im
Hintergebäude der Bolkerstraße 53.

20 Zur Zeit seiner Geburt bewegten die Ideen der Französischen Revolution ganz Europa, und in Heines Kinderjahren veränderte Napoleon Bonaparte durch seine europäischen Kriegszüge die Landkarte des Kontinents. Heines rheinisches Heimatland, das Her-
zogtum Berg, wurde 1806 an Frankreich abgetreten. In seinem
25 „Memoiren"-Fragment und in dem „Buch Le Grand" hat Heine
später seine jugendliche Begeisterung für Napoleon dargestellt.
Napoleon brachte den Juden die bürgerliche Gleichberechtigung,
und gerade sie sahen damals in ihm nicht den Eroberer, sondern
den Befreier und den Ideenträger der Französischen Revolution.
30 1813 räumten die Franzosen Düsseldorf, und zwei Jahre später wurden die Rheinlande preußisch. Das veränderte die Lebensbedin-
gungen der Juden aufs Neue so entscheidend, dass Heines Mutter

– die „Memoiren" las-
sen durchblicken, dass
sein Vater in der Familie
nicht viel zu sagen hatte
5 – ihre Zukunftspläne für
Harry umstellte und ihn
zunächst in die Han-
delsschule und dann in
die kaufmännische Leh-
10 re schickte. Das war für
den schwärmerischen
und fabulierfreudigen
Jüngling von schicksal-
hafter Bedeutung. Er
15 scheiterte in diesem Be-
ruf, der seinem Wesen
völlig fremd war – zuerst

Die Mutter Betty (Peira) Heine.
Gemälde von Isidor Popper

in Frankfurt und später auch in Hamburg, wo sein wohlhabender
Onkel, der Bankier Salomon Heine, ihn zu sich in die Lehre nahm
20 und ihm dann sogar eine eigene Firma einrichtete.
In Hamburg wurde Heine zum Dichter, hoffnungslos verliebt in die
Tochter seines Onkels und Lehrherrn, die sechzehnjährige Amalie,
und bis ins Innerste getroffen von schmerzlichen Demütigungen,
die ihm die Familie zufügte. Diese Jugenderlebnisse in Hamburg
25 fanden ihre Gestaltung in immer neuen dichterischen Variationen
durch sein ganzes Leben hindurch.
Das Geschäft seines Vaters war inzwischen zusammengebrochen,
und Salomon Heine behielt weiter die Sorge für den Neffen: Er
bewilligte ihm 1819 die Mittel zum Rechtsstudium.
30 Aber auch die Juristerei betrieb Heine nur notgedrungen: Sie sollte
ihm allenfalls einmal die bürgerliche Existenz sichern. Im Mittelpunkt seines Interesses standen in den nächsten Jahren Literatur,
Geschichte – und die eigenen literarischen Pläne. In Bonn, wo er sein
Studium begann, hörte er Vorlesungen bei August Wilhelm Schlegel,
35 dem Dichter und Theoretiker der Romantik. Alle Studienfreunde Heines waren junge Literaten wie er. Damals entstanden seine erste Tragödie, „Almansor", und eine Reihe von Gedichten. [...]

1820 bezog er die Universität Göttingen mit der Absicht, nun ernsthaft für sein Brotstudium zu arbeiten. Aber er geriet schon bald in
ärgerliche Händel mit den hannoverschen Junkern und musste ein
Jahr später die Universität wegen eines Pistolenduells verlassen. –
5 Jetzt ging er für zwei Jahre nach Berlin, wo er die bedeutendsten
Gelehrten der Zeit hörte. Aber wesentlicher als durch sie wurde
Heine durch das Milieu der betriebsamen Großstadt gefördert und
geformt. Er gewann sehr schnell Anschluss an literarische Kreise
und schloss Freundschaft fürs Leben mit dem Schriftsteller und
10 Diplomaten Karl August Varnhagen von Ense. Dessen geistreiche
Frau Rahel stand im Mittelpunkt eines berühmten literarischen Sa-
lons, Pflegestätte des Berliner Goethe-Kults. [...] Neben weiteren
Gedichten schrieb Heine jetzt seine zweite Tragödie, den düsteren
„Ratcliff". Er fand seine ersten Buchverleger und lieferte Beiträge
15 für mehrere Journale [...].
Sehr bedeutsam für Heines Entwicklung war auch seine Mitarbeit
im „Verein für Kultur und Wissenschaft der Juden". Die Bestrebungen dieser Organisation galten einerseits der Selbstbesinnung der
Juden auf ihre Geschichte, anderseits ihrer Befreiung aus dem
20 geistigen Getto und ihrer Assimilation an die europäische Bildung.
Zur jüdischen Religion hatte Heine damals keinerlei Beziehung;
aber an den Kulturbestrebungen des jungen ‚Vereins' nahm er leb-
haften Anteil. Er wirkte dort selbst als Dozent für Geschichte, und
in diesem Kreise entstand auch sein Plan, einen Roman aus der
25 jüdischen Geschichte zu schreiben, den „Rabbi von Bacherach",
der leider Fragment geblieben ist.
1823 zog sich Heine nach Lüneburg zurück, wohin seine verarmten
Eltern verschlagen waren. Bald darauf ging er wieder nach Hamburg. Amalie hatte unterdes geheiratet. Heine aber hatte die Erin-
30 nerung an die Zeit seiner „Jungen Leiden" noch nicht überwunden,
da pflanzte er eine „neue Torheit auf die alte": Er verliebte sich –
wiederum hoffnungslos – in Amalies jüngere Schwester Therese,
jetzt sechzehn Jahre alt, wie damals Amalie und ihr sprechend ähn-
lich. Seine Verzweiflung – bis zu Selbstmordgedanken gesteigert
35 – und seine „Rettung" in die Ironie fanden auch diesmal in vielen
Gedichten, vor allem dem Zyklus „Die Heimkehr", ihren Nieder-
schlag.

Es wurde Zeit, dass Heine sein Studium beendete. Aber erst einmal sorgte sein Onkel Salomon dafür, dass er seine angegriffene Gesundheit kräftigte. Er schickte ihn ins Seebad Cuxhaven. Diese Reise gab dem dichterischen Werk Heines ein neues Thema: Er entdeckte die Schönheit der Nordsee, die vor ihm noch kein deutscher Dichter besungen hatte.

Der Onkel Salomon Heine.
Gemälde von Carl Gröger

Im Frühjahr 1824 kam Heine zum zweiten Male nach Göttingen. Erst jetzt machte er, so schwer es ihm auch fiel, mit seinem Studium ernst. „Meine Muse trägt einen Maulkorb", schrieb er seiner Schwester, „damit sie mich beim juristischen Strohdreschen mit ihren Melodien nicht störe." Aber er gönnte sich doch auch Pausen der Entspannung. Einmal reiste er mit der Schnellpost zu seinen Freunden nach Berlin, ein andermal machte er die Fußwanderung durch den Harz, die dann durch sein frisches erstes ‚Reisebild', seine locker zusammengeplauderte „Harzreise", so berühmt geworden ist.

Als Heine im Herbst 1825 – nach einem neuen Aufenthalt an seiner geliebten Nordsee – wieder nach Hamburg reiste, hatte er eben sein Studium abgeschlossen. Er war jetzt Dr. jur. – und er hatte es für zweckmäßig gehalten, sich in aller Stille protestantisch taufen zu lassen, weil er befürchten musste, ohne diesen Schritt nie eine staatliche Stellung erlangen zu können. [...] Er bemühte sich vergebens um eine Professur für Geschichte in Berlin, rechnete eine Zeit lang damit, sich in Hamburg als Advokat niederzulassen, blieb dann aber doch, immer noch von seinem Onkel unterstützt, freier Schriftsteller.

Im Frühjahr 1826 gewann er Julius Campe als Verleger und Freund. Der Verlag Hoffmann und Campe veröffentlichte die „Harzreise" [...]. Ihr folgten in den nächsten Jahren dann drei weitere Bände

„Reisebilder". Das war eine neue literarische Gattung, eine neue Form deutscher Prosa, für die Heine selbst den Namen geprägt hatte. [...] Die Reisebeschreibungen sind vielfach nur Anlass oder gar Vorwand für Heines revolutionäre Gedanken, für seinen Kampf
5 um Menschenrechte und diesseitsfreudige Lebensbejahung, gegen Spießertum, soziales Vorurteil, Frömmelei und engstirnigen Nationalismus. Der biografische Hintergrund, der in diesen Reisebildern sichtbar wird, ist das unruhige Zugvogeldasein, das Heine damals führte. 1827 reiste er nach England und darauf nach Mün-
10 chen (als Redakteur der von Cotta herausgegebenen „Politischen Annalen"), 1828 nach Italien. Als er von dort zurückkehrte, war sein Vater gestorben, und seine verwitwete Mutter, die jetzt in Hamburg wohnte, nahm ihn bei sich auf.

1827 [...] brachte der Verlag Hoffmann und Campe das „Buch der
15 Lieder", die zyklisch aufgebaute Sammlung aller bis dahin verstreut gedruckten Gedichte Heinrich Heines [heraus]. [...] Keine zweite Gedichtsammlung der Welt ist schon zu Lebzeiten des Dichters so häufig nachgedruckt, vertont und in fremde Sprachen übersetzt worden [...].

20 Bereits seit seiner Rückkehr aus Berlin hatte Heine mit dem Gedanken gespielt, für längere Zeit nach Paris überzusiedeln. Aber erst 1831, als dort die Revolution – die er in seinen „Briefen aus Helgoland" so begeistert begrüßte – eine neue politische Ära eröffnet hatte, verließ er Deutschland, ohne [...] schon damals damit zu rechnen,
25 dass er den Rest seines Lebens in Frankreich verbringen würde.

Heine stürzte sich begeistert in den „Strudel der Begebenheiten, der Tageswellen", der „brausenden Revolution"; er empfand Paris als die „Hauptstadt der ganzen zivilisierten Welt". Er fand Eingang bei den großen Schriftstellern und Künstlern, und er pflegte viele
30 Jahre lang besonders enge Beziehungen zum Klub der Saint-Simonisten, deren sozial-revolutionäre Gesinnung der seinen entsprach. Er schrieb Pariser Zeitungsberichte für die angesehene Augsburger „Allgemeine Zeitung", die er später unter den Titeln „Französische Zustände" und „Lutezia" (nach dem alten Namen der Stadt Paris)
35 zu Büchern zusammenstellte. [...] – In seinen beiden Büchern „Die romantische Schule" und „Zur Geschichte der Religion und Philosophie in Deutschland", die gleichzeitig auch in französischer

Übersetzung erschienen, wollte er „den Franzosen das geistige Leben der Deutschen" nahebringen. [...]

5 Im Jahre 1834 verband Heine sein Leben mit dem der vitalen, erst neunzehnjährigen Französin Crescence Mirat, die er Mathilde nannte; erst 10 1841 heiratete er sie. [...]

In wirtschaftliche Schwierigkeiten geriet Heine, als der Bundestag in Deutschland 1835 die gesamte Pro- 15 duktion seines Verlegers Campe verbot. Damals entschloss sich Heine zu einem Schritt, der sich auf seinen Ruf verhängnisvoll auswir-

Die Ehefrau Mathilde Heine, geb. Crescence Augustine Mirat. Gemälde von E. Palm

20 ken sollte: Er nahm einen Ehrensold an, den die französische Regierung ihm anbot, wie sie ihn auch anderen prominenten Ausländern in Frankreich zukommen ließ. Dass Heine um dieser Pension willen seine Feder verkauft habe, ist inzwischen von der französischen und der deutschen Forschung bündig widerlegt worden. Heine wahrte

25 stets seine geistige Freiheit, oft sogar auch gegen seine eigenen Freunde und Bundesgenossen – gegen Ludwig Börne, gegen Karl Gutz- 30 kow und die „Tendenzdichter" der Zeit –, wenn er glaubte, es seiner Überzeugung schuldig zu sein.

Heine im Jahre 1842. Lithografie nach einer Zeichnung von Samuel Diez

Hamburg brennt, 1842. Lithografie von Peter Suhr

1843 bewog ihn die Brandkatastrophe, die ein Jahr zuvor über Hamburg hinweggegangen war, zu einer Reise in die schwer mitgenommene Stadt, [obwohl er Repressalien von preußischer Seite erwartete]. Sein Heimweh nach Deutschland hatte durch die Kunde vom Brand Hamburgs neue Impulse erhalten. Auf der Rückfahrt mit der Postkutsche entwarf er seine Verserzählung „Deutschland – Ein Wintermärchen", seine schärfste politische Satire. Im folgenden Jahr fuhr er dann noch einmal nach Hamburg und konnte dort den Druck seines gefährlichen „versifizierten Reisebildes" selbst überwachen.
Kaum war er nach Paris zurückgekehrt, starb in Hamburg sein Gönner Salomon Heine, und sein Vetter Carl machte ihm das versprochene Erbe streitig. Es kam zu einem hässlichen Familienzwist, der zwar nach einigen Monaten beseitigt werden konnte, aber [Heines Gesundheit litt darunter und verschlechterte sich zunehmend bis zu einem Zusammenbruch].

Im Februar 1848 begann das Krankenlager, dem er selbst den grausigen Namen „Matratzengruft" gegeben hat. [...]
Der sterbende Heine verliebte sich in eine abenteuerliche junge Deutsche, die bei ihm eingedrungen war. Er nannte sie die „Mouche" – nach der Fliege auf ihrem Siegelring –, er freute sich, sie „summsen" zu hören. [...]
Am 17. Februar 1856 starb Heine. Er wurde, wie er es angeordnet hatte, ohne kirchliche Trauerfeier auf dem Friedhof Montmartre begraben. [...]

Aus: Walther Vontin: Leben und Werk. In: Heinrich Heine. Werke in einem Band. 9. Aufl. Hamburg: Hoffmann und Campe 1978.

Heine in der „Matratzengruft". Bleistiftskizze von Charles Gleyre

Heines Grab auf dem Pariser Friedhof Montmartre

Hans Traxler: Illustration zu Heinrich Heine: Deutschland.
Ein Wintermärchen

Deutschlandreise des Dichters im Herbst 1843

Die Deutschlandreise, die Heine im Herbst 1843 unternimmt, liefert
zwar den Stoff für die Schilderungen des Erzählers im „Wintermär-
chen", diese weichen aber vom realen Verlauf der Reise ab, der sich
vermutlich so abgespielt hat:

Hinreise (bei schlechtem Wetter)

14.10   Besorgung eines Visums mit vorgeschriebener Reiseroute

21.10. 18.00 Uhr Abreise in Paris, wahrscheinlich mit der Postkut-
        sche, ab Lille vielleicht mit der Eisenbahn

22.10. abends Ankunft in Brüssel

25.10. 7.30 Uhr Abfahrt des Frühzugs nach Köln, einer kurz vorher
        eröffneten Verbindung, die Heine wohl nutzte
        15.00 Uhr Ankunft des Zugs in Aachen, 15.45 Uhr Weiter-
        fahrt nach Köln

26.10. 7.45 Uhr mit schneller Postkutsche nach Hagen, wo Heine
        gegen 15.00 Uhr zu Mittag isst, vermutlich in der Poststation
        gegen Abend weiter nach Unna und Übernachtung im
        Gasthaus *Zum König von Preußen*

27.10. vor 5.00 Uhr Weiterreise nach Münster, wo er um 8.00 Uhr ankommt
        10.30 Uhr Abfahrt mit Schnellpost nach Bremen
28.10. 8.00 Uhr Ankunft in der Hansestadt an der Weser
        18.00 Weiterfahrt
29.10. mit dem Schiff auf der Elbe von Harburg nach Hamburg, wo er gegen Mittag eintrifft und sich im Hotel *Alte Stadt London* einquartiert

Rückreise (bei schönem Wetter)

7. 12. am Abend Schifffahrt von Hamburg nach Harburg, dann auf dem Landweg weiter nach Celle
9. 12. am späten Vormittag Ankunft in Hannover; dort logiert der Dichter im besten Haus, dem *British Hotel*
10.12. gegen 11.00 Uhr Abreise: über Bückeburg, wo die Vorfahren von Heines Großvater lebten, nach Minden, das abends erreicht ist
11.12. mit Extrapost, einem bestellten Postwagen, nach Münster,   Hamburger Wappen
        nachts über Unna und Hagen weiter nach Köln
14.12. morgens Abfahrt mit der Eisenbahn nach Brüssel, wo der Zug um 19.45 Uhr ankommt und Heine übernachtet
16.12. am Abend Rückkehr nach Paris

Nach: DHA Bd. 4. Apparat. S. 934–942

Karte des nördlichen Deutschland (1815–1866) mit im *Wintermärchen* erwähnten Orten

Die Landkarte auf der folgenden Doppelseite zeigt Deutschland mit seinen zahlreichen, von Fürsten regierten Einzelstaaten und Orte, die der Erzähler im „Wintermärchen" erwähnt. Der größte dieser Staaten, Preußen, bekam auf dem Wiener Kongress die Rheinprovinz und Westfalen zugesprochen; dieser westliche und der alte östliche Teil waren aber weder geografisch noch kulturell miteinander verbunden.

Preußen

○ vom Erzähler des „Wintermärchens"
erwähnte Orte

/// preußische Gebiete außerhalb
des Deutschen Bundes

Hamburg ○
Harburg ○

Ghzm. Oldenburg
Bremen ●
Königreich Hannover

Kgr. Niederlande

Hannover ○
Minden ○
Bückeburg ○

Münster ●

Teutoburger Wald

Hzm. Braunschw

Paderborn ○

Unna ○

Hagen ○

Kassel ●

Köln ○ Mülheim ○
Aachen ○

Königreich

Kurfsm. Hessen

Thüri

Hzm. Nassau

Hessen

Frankfurt ●

Grhm.

Kgr. Bayern

Grhzm. Baden

Kgr. Frankreich

Kgr. Württemberg

K

Grhzm.
klenburg-
:hwerin

● Berlin

P r e u ß e n

Frankfurt/
Oder

.Anhalt

K g r. S a c h s e n
● Dresden

a t e n

● Prag
K ö n i g r e i c h   B ö h m e n

y e r n

gensburg ●

M g f t .
M ä h r e n

3. Die politische Situation in Deutschland in der ersten Hälfte des 19. Jahrhunderts und die Literatur des Jungen Deutschland

„Von Anfang an wurde Heines Lebensgang von weltgeschichtlichen Ereignissen beeinflusst." (Vgl. Leben und Werk, S. 94, Z. 16–19). *Deshalb umreißt zunächst ein Überblick die Jahrzehnte vor 1848, die als eine Zeit der Gegensätze charakterisiert werden. Vor dem Hintergrund der politischen Situation Europas nach dem Wiener Kongress beleuchtet er die Verhältnisse in Deutschland. Um diese und auch die Anspielungen im „Wintermärchen" besser zu verstehen, werden dann einige zentrale Begriffe erläutert, bevor sich der Blick auf Preußen und seinen neuen König richtet.*

Überblick

Die 35 Jahre vom Wiener Kongress bis zum Scheitern der Revolution von 1848/49 werden im Allgemeinen das Zeitalter der Restauration und Revolution genannt. Damit sind die beiden entgegengesetzten, miteinander ringenden Hauptströmungen der Zeit be-
5 zeichnet, die die Geschichte dieser Jahre ganz wesentlich bestimmt haben. Auch sonst ist diese Zeit eine Epoche der Gegensätze, eine Zeit des Umbruchs auf zahlreichen Gebieten, in der Altes noch Bestand hat, aber Neues daneben sich immer stärker ausbildet. Es ist die Zeit der Idylle, und es ist auch die Zeit der Verdächtigungen
10 und Verfolgungen, der Verhaftungen und Verurteilungen. Es ist die Zeit des behaglich-privaten Lebens im kleinbürgerlichen Milieu des „Biedermeier", und es ist zugleich die Zeit, in der immer mehr Menschen politisches Bewusstsein entwickeln und von den Herrschenden die Teilhabe an der Macht fordern. Es ist noch die Zeit
15 der Postkutschen und doch schon die der Eisenbahnen mit der ersten Bauphase eines sich schnell ausweitenden Schienennetzes: Die kommende industrielle Revolution kündigt sich bereits an.
Am Beginn dieser Epoche steht das Werk des Wiener Kongresses, steht die wiederhergestellte („restaurierte") europäische Ordnung

nach Beseitigung der durch die Französische Revolution und die
napoleonische Herrschaft verursachten Veränderungen. Es ist, so-
weit es Mittel- und Osteuropa betrifft, vornehmlich ein Werk der
Monarchen – des russischen Zaren, des österreichischen Kaisers
und des preußischen Königs – und ihrer Berater mit dem österreichischen Außenminister Fürst Metternich an der Spitze. In der von
ihnen beschlossenen „Heiligen Allianz" verpflichteten sich die drei
Herrscher feierlich, diese Ordnung zu garantieren und streng da-
rüber zu wachen, dass künftig keine der mit der Französischen Revolution freigesetzten Kräfte erneut die Völker in Unruhe versetzen
und die erreichte Friedensordnung infrage stellen könne. Nicht
wiederhergestellt wurde das alte, 1806 aufgelöste „Heilige Römische Reich deutscher Nation". Stattdessen entstand auf deutschem Boden aus den noch existierenden oder wiederhergestell-
ten 35 deutschen souveränen Fürstenstaaten und den letzten vier
freien Reichsstädten ein loser Staatenbund, der lediglich durch die
ständig in Frankfurt am Main tagende Gesandtenkonferenz zu-
sammengehalten wurde.
Das aber ist nicht das von den Dichtern der Freiheitskriege besun-
gene deutsche Vaterland, für das die Freiwilligen von 1813 in den
Kampf gegen Napoleon gezogen waren. Enttäuschung und Verbit-
terung bewegt die heimkehrenden Soldaten, vor allem die in die
Hörsäle zurückgekehrten Studenten. Mit der Gründung der alle
bisherigen Landsmannschaften einbeziehenden Burschenschaft
geben die Studenten zu erkennen, dass sie dieses künstliche Gebil-
de nicht akzeptieren, dass sie vielmehr mit ihrem Bund das kommende, das wirkliche geeinte deutsche Vaterland vorwegnehmen
wollen. Die nationale Bewegung, gepaart mit der liberalen in der
Forderung nach einer Verfassung, die die Freiheitsrechte des Einzelnen und die Mitwirkung des Volkes am politischen Geschehen
festschreibt, breitet sich rasch aus. Sie ist auch durch Verbote und
Verfolgungen nicht mehr aufzuhalten. Diese nationale Bewegung
ist keine auf Deutschland beschränkte Erscheinung, sie erfasst
gleichzeitig nahezu ganz Kontinentaleuropa.

Helmut Müller: Deutsche Geschichte in Schlaglichtern. In Zusammenarbeit mit Karl
Friedrich Krieger, Hanna Vollrath und Meyers Lexikonredaktion. 2., aktualis. u. erw.
Aufl. Mannheim, Wien, Zürich: Meyers Lexikonverlag 1990, S. 145.

Erläuterung zentraler Begriffe

Einige Begriffe bezeichnen geschichtliche Sachverhalte, bleiben in ihrer Bedeutung also auf die damalige Zeit beschränkt, andere dagegen politische Bestrebungen, die auch in der Gegenwart eine Rolle spielen. Kursiv gedruckte Begriffe verweisen auf ihre Erklärungen innerhalb dieses Abschnitts.

Restauration

Das Wort „Restauration" bedeutet Wiederherstellung eines früheren Zustandes. In der Geschichte der europäischen Staaten und besonders auch der deutschen Geschichte wurde der Begriff „Restauration" als Bezeichnung der geschichtlichen Periode vom Wiener Kongress bis zu den Revolutionen der Jahre 1830 und 1848/49 verwendet. In dieser Epoche stand im Vordergrund der Versuch der leitenden Staatsmänner Europas, insbesondere des österreichischen Staatskanzlers Fürst Metternich, den Zustand vor dem Ausbruch der Französischen Revolution wiederherzustellen. Wie für die französische Verfassung von 1814 war auch für die Staaten des Deutschen Bundes das monarchische Prinzip verbindlich, nach dem die alleinige und einheitliche Staatsgewalt in der Hand des Monarchen liegt. Der Monarch konnte demnach seine Befugnisse durch eine Verfassung beschränken, diese aber konnte nur Begrenzung, niemals Grundlage der Staatsgewalt des Monarchen sein.

Gegen die sich überall im Lande regenden neuen Kräfte, die vor allem von Studenten und Professoren getragenen *nationalen* und *liberalen* Bewegungen, wurden mit den *Karlsbader Beschlüssen* alle staatlichen Machtmittel eingesetzt. Dennoch konnten die tiefgreifenden sozialen, rechtlichen, wirtschaftlichen und territorialen Wandlungen, die durch die Napoleonische Neuordnung eingetreten waren, nicht in vollem Umfange rückgängig gemacht werden, zumal sich auch, vor allem im Rheinland und in Sachsen, zunehmend die Auswirkungen der Industrialisierung bemerkbar machten.

Deutscher Bund

Auf dem Wiener Kongress versuchten die maßgeblichen Staats-
männer, allen voran der österreichische Außenminister Fürst
Metternich, Europa neu zu ordnen. Der Wunsch der deutschen
Patrioten, von denen viele am Freiheitskampf gegen Napoleon teil-
genommen hatten, nun einen neuen nationalen deutschen Bundesstaat zu errichten, erfüllte sich nicht. Auch das 1806 aufgelöste
Heilige Römische Reich deutscher Nation wurde nicht wiederhergestellt.
Geschaffen wurde ein locker gefügter Staatenbund, der Deutsche
Bund. [...] Den Vorsitz [...] übernahm Österreich. Das einzige Bun-
desorgan war die Bundesversammlung der bevollmächtigten Ge-
sandten der Mitgliedsstaaten, die später hauptsächlich Bundestag
genannt wurde; sie tagte als ständiger Kongress in Frankfurt am
Main. Neben den deutschen Fürsten gehörten auch ausländische
Herrscher dem Deutschen Bund an, und zwar der König von Groß-
britannien und Irland als König von Hannover, der König von Dä-
nemark als Herzog von Holstein sowie der König der Niederlande
als Großherzog von Luxemburg. Österreich und Preußen gehörten
ihm nur mit den Gebieten an, die Bestandteile des Heiligen Römischen Reichs gewesen waren. [...]
Zur Regel wurde es (bis 1848), dass sich Österreich vor allen wichtigen Schritten in der Bundesversammlung mit Preußen als der
stärksten norddeutschen Macht absprach. Innenpolitisch wurde
der Deutsche Bund mehr und mehr das Vollstreckungsorgan der
Restaurationspolitik Metternichs bei der Abwehr und Eindäm-
mung liberaldemokratischer und nationaler Bestrebungen. Den
Einzelstaaten war zwar zugebilligt worden, Verfassungen zu erlas-
sen, in denen die ständige Vertretung des Volkes gesichert werden
konnte, doch nur einige Fürsten der Mittel- und Kleinstaaten, so
als einer der ersten der Großherzog von Sachsen-Weimar-Eise-
nach, gaben ihrem Land eine Verfassung, nicht jedoch Preußen
und Österreich [...].

Deutscher Zollverein

Bereits seit 1818 gab es in einzelnen Staaten des Deutschen Bundes Bestrebungen, durch Aufhebung der Binnenzölle den Handelsverkehr zu erleichtern. Preußen schuf sich für seine weit auseinanderliegenden Staatsteile ein einheitliches Zollgebiet und grün-
5 dete 1828 mit Hessen-Darmstadt einen Zollverein, während zur gleichen Zeit im süddeutschen Raum Bayern und Württemberg eine Zollvereinbarung eingingen. Ebenfalls 1828 schlossen sich Hannover, Kurhessen, Sachsen und die thüringischen Staaten zum „Mitteldeutschen Handelsverein" zusammen.
10 Trotz der verbreiteten Abneigung der mittleren und kleineren Staaten gegenüber einer preußischen Vormachtstellung kam es durch Verhandlungen zwischen der norddeutschen und der süddeutschen Zollbereichsgruppe zur Gründung des Deutschen Zollvereins, dem auch die meisten Staaten des Mitteldeutschen Handels-
15 vereins beitraten [...]. Österreich, dessen wirtschaftliche Interessen mehr nach Süden und Südosten ausgerichtet waren, gehörte dem Deutschen Zollverein nicht an. [...] In den Vorstellungen der Deutschen, die den Zollverein als ersten Schritt zu einem geeinten Vaterland feierten, gewann nun allmählich das Bild eines deutschen
20 Reiches in der kleindeutschen Lösung an Konturen, von dem Österreich mit seinen Sonderinteressen und fremdvölkischen Reichsteilen ausgeschlossen blieb. [...]

Karlsbader Beschlüsse

Die Ermordung des Schriftstellers August von Kotzebue, der in seinem „Literarischen Wochenblatt" 1818/19 die liberale Studentenbewegung der Deutschen Burschenschaft verhöhnt hatte, durch den Burschenschaftler Karl Ludwig Sand am 23. März 1819 in
5 Mannheim nahm Metternich zum Anlass, nun energische Maßnahmen zu ergreifen, um mit der ganzen Macht der Staaten gegen die seit Langem mit Misstrauen beobachteten *nationalen* und *liberalen* Bestrebungen vorzugehen. Auf den von Metternich einberufenen Karlsbader Konferenzen vom 6. bis 31. August 1819, an de-
10 nen neben Österreich und Preußen acht weitere deutsche Staaten

teilnahmen, wurden Beschlüsse gefasst, die am 20. September 1819 von der Bundesversammlung einstimmig angenommen wurden.

Diese Beschlüsse enthielten das Verbot der Burschenschaft und
5 die Einsetzung eines „außerordentlichen landesherrlichen Bevollmächtigten", der an den Universitäten das Auftreten und Verhalten der Professoren und Studenten streng zu überwachen hatte. Alle Hochschullehrer, die „durch Missbrauch ihres rechtmäßigen Einflusses auf die Gemüter der Jugend, durch Verbreitung verderbli-
10 cher, der öffentlichen Ordnung und Ruhe feindseliger oder die Grundlagen der bestehenden Staatseinrichtungen untergrabender Lehren ihre Unfähigkeit zur Verwaltung des ihren anvertrauten wichtigen Amtes unverkennbar an den Tag gelegt haben", sollten rigoros aus ihren Ämtern entfernt und auch in keinem anderen
15 Bundesstaat wieder angestellt werden. Ferner wurde in den Karlsbader Beschlüssen eine staatliche Vorzensur für alle Zeitungen, Zeitschriften und sonstige Druckschriften „unter 20 Bogen im Druck" eingeführt. Eine außerordentliche Zentral-Untersuchungskommission des Bundes wurde mit Sitz in Mainz eingerichtet, die
20 die „revolutionären Umtriebe und demagogischen Verbindungen" zu untersuchen und zu verfolgen hatte. Durch eine Exekutionsordnung wurde dem Bund das Recht zuerkannt, gegebenenfalls gegen einen Mitgliedsstaat des Bundes eine Bundesexekution durchzuführen, wenn in diesem Staat revolutionäre Entwicklungen von den
25 regionalen Behörden nicht unterbunden werden konnten.

Demagogenverfolgungen

Mit den *Karlsbader Beschlüssen* [...] begannen die sogenannten De-
magogenverfolgungen, die sich vornehmlich gegen Universitäts-
professoren und Journalisten, Schriftsteller und Studentenführer
richteten. Am schärfsten ging die preußische Regierung gegen die-
5 jenigen vor, die in Veröffentlichungen, Vorlesungen und bei öffentlichen Anlässen für die *nationale* und *liberale* Bewegung eintraten.
Unter den Verfolgten, die aus ihren Ämtern vertrieben und teilwei-
se sogar zu Gefängnisstrafen verurteilt wurden, waren auch promi-
nente Teilnehmer der Befreiungskriege wie der Dichter Ernst Mo-
10 ritz Arndt, der Publizist Johann Joseph von Görres und der Vater
der Turnbewegung Ludwig Jahn. Selbst das Turnen wurde in Preußen verboten. [...]
In diesem Zusammenhang kann auch der Schritt der „Göttinger
Sieben" genannt werden. Sieben Göttinger Professoren, unter ih-
15 nen die Brüder Jakob und Wilhelm Grimm, protestierten am 18.
November 1837 öffentlich gegen die Aufhebung der Verfassung
des Königreichs Hannover durch König Ernst August II. und wurden deshalb aus ihren Ämtern entlassen. In ihrem durch die Presse
in ganz Deutschland bekannt gewordenen Protest beriefen sich die
20 Professoren auf ihren Verfassungseid, durch den sie verpflichtet
seien, zur Verteidigung der Verfassung der Staatsgewalt entgegen-
zutreten. Ihr außergewöhnliches Handeln erregte großes Aufsehen, die öffentliche Meinung nahm nahezu einhellig für die Göttinger Professoren Partei. Ihr Schritt trug wesentlich zur Ausbildung
25 des deutschen *Liberalismus* bei.

Liberalismus

Liberalismus bezeichnet eine weltanschauliche Richtung, in der
der einzelne Mensch und sein Recht auf Freiheit im Vordergrund
stehen. Es ist die Weltanschauung des aufstrebenden Bürgertums,
das sich gegenüber den Vorrechten der bevorzugten (= privilegier-
5 ten) Stände des Adels und der Geistlichkeit und gegenüber der
Allmacht des absolutistischen Staates zu behaupten begann. Der
Liberalismus tritt für freie wirtschaftliche Betätigung des Einzelnen

(Unternehmers) ein und fordert die Abschaffung des Zunftsystems und der Zollschranken. Wichtige liberale Forderungen sind Gewaltenteilung, Rechtsstaat und Pressefreiheit. Alle liberalen Bewegungen haben ihren Ursprung in der englischen „Bill of Rights"
5 von 1689, dem englischen Staatsgrundgesetz, in dem erstmalig die Rechte des Parlaments gegenüber der Krone festgeschrieben wurden, und in den amerikanischen und französischen Erklärungen der Menschenrechte, die 1776 bzw. 1789 formuliert wurden.

In Deutschland war die vor allem in den Befreiungskriegen 1813–15
10 erstarkte liberale Bewegung von Anfang an eng verbunden mit der nationalen Bewegung, die für ein geeintes deutsches Vaterland angetreten war. Nach der Gründung des *Deutschen Bundes*, den sowohl die Liberalen wie auch die *Nationalen* als unvollkommene Lösung strikt ablehnten, fanden wenigstens in den süddeutschen
15 Staaten, in denen die Landesfürsten Verfassungen gegeben hatten, die Liberalen in den Landtagen ein politisches Betätigungsfeld. [...]

Nationalismus

Der Begriff „Nationalismus" bezeichnet eine Ideologie, in der der moderne Nationalstaat eine zentrale Stellung einnimmt. Entstanden ist der Nationalismus in seiner modernen Ausprägung in der Französischen Revolution von 1789, als die Abgeordneten des Drit-
5 ten Standes gegen Adel und Geistlichkeit sich zur Nationalversammlung des französischen Volkes erklärten. Die Freiwilligen der Revolutionsarmeen, die sich mit der französischen Nation identifizierten, errangen ihre Siege über die geschulten Berufssoldaten der Österreicher, Preußen und Russen.

10 In Deutschland war die Katastrophe von 1805/06 und die anschließende napoleonische Fremdherrschaft der Anlass, ein tiefes Nationalgefühl entstehen zu lassen, das anfänglich in der kleinen, aber einflussreichen Gruppe der Reformer heranwuchs, dann aber mit der Wende im Russlandfeldzug und der Aufbruchsstimmung des
15 Frühjahres 1813 nahezu alle Volksschichten erfasste und zu der sich schließlich in den Befreiungskriegen zeigenden, von namhaften Dichtern besungenen Kampf- und Opferbereitschaft führte. Die Freiwilligen von 1813 gingen in den Kampf gegen den Unter-

drücker Napoleon für ein noch gar nicht existierendes Deutschland, für ein gemeinsames deutsches Vaterland. Ihre Enttäuschung
war grenzenlos, als auf dem Wiener Kongress nicht ihr Deutschland geschaffen wurde, sondern die alten Fürstenstaaten wiederer-
5 standen. Die nationale und die liberale Bewegung waren in den
Jahrzehnten bis zur Märzrevolution 1848 nicht voneinander zu
trennen. Der Ruf nach einem geeinten deutschen Vaterland war
zugleich der Ruf nach einem deutschen Staatswesen, das in einer
Verfassung die Grundrechte des Volkes verankern sollte. Die natio-
10 nale Bewegung war nicht auf Deutschland beschränkt. Überall in
Europa und in der Welt standen unterdrückte Völker auf und suchten sich ihre nationale Freiheit zu erkämpfen, so u. a. die Griechen
gegen die Türkenherrschaft, die Polen gegen die russische Staatsgewalt. Die Ausbreitung der nationalen Bewegungen musste, das
15 sah gerade der österreichische Staatskanzler Fürst Metternich
deutlich, eines Tages für die Existenz des habsburgischen Vielvöl-
kerstaats zu einer tödlichen Gefahr werden.

Helmut Müller: Deutsche Geschichte in Schlaglichtern. A. a. O., S. 147–154

Preußen nach der Thronbesteigung Friedrich Wilhelms IV. 1840

*In Preußen, das seit dem Wiener Kongress wieder eine europäische
Großmacht war und in Deutschland die Vorherrschaft nördlich des
Mains beanspruchte, regierte seit 1840 ein König, dessen Person und
Politik anfangs einen Ausgleich der Gegensätze erwarten ließen.*

Als Friedrich Wilhelm IV. 1840 den preußischen Thron bestieg, war
das, typisch für das monarchische System des Jahrhunderts, für
die Öffentlichkeit eine Stunde der Hoffnung. Er galt als fantasievoll
und aufgeschlossen, brillant manchmal und liebenswürdig; er war
5 gegen den bürokratischen Obrigkeitsstaat, wie er unter seinem Vater dominiert hatte, und gegen seine Erstarrungen; [...] er war von
den romantisch-nationalen Stimmungen bewegt; er war nicht auf
Konflikt, sondern auf Versöhnung aus. Er begann seine Regierung
damit, Konflikte zu befrieden und alte Wunden zu heilen: Politi-
10 sche Häftlinge wurden amnestiert, die politischen Untersuchun-
gen beim Bund eingegrenzt, Arndt und Jahn, die Demagogen von

1819, rehabilitiert, drei der Göttinger Sieben nach Preußen gerufen; die Zensur wurde, zu-
⁵ nächst wenigstens, ge- mildert; [...] mit dem Innen- und dem Ge- setzgebungsministeri- um wurden neue, mo-
¹⁰ deratere Personen be- traut. Der König wollte populär sein, im Ein- verständnis mit „sei- nem Volk" leben, dar-
¹⁵ um ging er an die Öf- fentlichkeit und warb um sie, und mit glän- zender, wenn auch nicht immer substan-
²⁰ zieller Rhetorik griff er immer wieder überra-

Der Bunte Rock in Preußen. Staatliche Museen Preußischer Kulturbesitz, Berlin (1981)

schend Stimmungen und Ideen der Zeit auf. Typisch dafür war das Kölner Dombaufest vom September 1842, mit dem die Vollendung des Domes begonnen wurde: Der König hat die volkstümlich-patri-
²⁵ otische Dombaubewegung, teils katholisch, teils liberal und natio- nal, die mit ihren Vereinen und ihrer Publizistik über ganz Deutsch- land verbreitet war, aufgegriffen und das Fest zu einem großen In- tegrationsfest, einem Gegen-Hambach gleichsam, gemacht. Das Fest sollte die neue Eintracht von Staat und Kirche und den Frieden
³⁰ der Konfessionen ebenso feiern wie die Eintracht von König, Staat und Volk, Preußens und der Rheinländer zumal, und endlich – vor dem Hintergrund von Rheinromantik und französischer Rheindro- hung von 1840 – die Einigkeit der Fürsten und Stämme, der deut- schen Nation: der Dom, Werk des „Brudersinnes aller Deutschen",
³⁵ war das Wahrzeichen deutscher Einigkeit. [...] In Wahrheit war der König doch vom romantischen Konservativismus geprägt; er glaubte an das Gottesgnadentum des Königs, [...], die ständische

Feierliche Grundsteinlegung zur Vollendung des Kölner Doms durch
König Friedrich Wilhelm IV. am 4. September 1842. In der Mitte die
Festtribüne für die Ehrengäste, auf dem Baukran links der preußische
Adler. Lithografie nach einer Zeichnung von Georg Osterwald 1842

Gliederung der Gesellschaft, den christlichen Staat; der bürgerlichen Gesellschaft und ihrem Verfassungs-Wollen stand er fremd
und ablehnend gegenüber, er konnte das Preußen der Restauration nicht mit der aufsteigenden neuen Zeit versöhnen.

Thomas Nipperdey: Deutsche Geschichte 1800–1866. Bürgerwelt und starker Staat.
München: Beck 1983, S. 396 f.

Das Junge Deutschland und die politische Dichtung des Vormärz (1830–1850)

*Die gesellschaftlich-politischen Gegensätze und Auseinandersetzungen
erstreckten sich auch auf die Literatur, deren Themen, Formen und
Verbreitung sich veränderten. Übten Schriftsteller Kritik an den Fürsten*

und ihren Staaten, an demokratischen Defiziten und an den sozialen Verhältnissen, versuchten die Herrscher solche unliebsamen Veröffentlichungen mit allen Mitteln zu verhindern.

In keiner anderen Epoche der deutschen Literaturgeschichte ist der Zusammenhang von **Literatur und Demokratie** so deutlich wie in der des Jungen Deutschland und des Vormärz (so heißt die Zeit vor der Märzrevolution im Jahr 1848). Diese Literatur ist eng mit
5 den politischen Ereignissen der Zeit verbunden, eine Literatur der jungen Generation, die sich für ein demokratisches Deutschland einsetzt, aber erleben muss, wie ihre Ideale in der Öffentlichkeit verfolgt werden. Eingeleitet wird diese Epoche durch die Julirevolution in Frankreich. Dort erzwingen Studenten 1830 den Sturz des
10 Königs, ein Ereignis, das für ganz Europa von Bedeutung ist.

Am 27. Mai 1832, dem Todesjahr Johann Wolfgang Goethes, folgen rund 30 000 Menschen aus allen Teilen Deutschlands einem Aufruf, an einer politischen Kundgebung auf dem Hambacher Schloss teilzunehmen, einer Kundgebung des Willens zu „Deutschlands
15 Wiedergeburt in Einheit und Freiheit". Nicht nur Delegationen aus Deutschland treten unter den neuen schwarz-rot-goldenen Natio-

Der Zug zum Hambacher Fest

nalfahnen in Erscheinung und fordern politische Veränderungen, auch Abordnungen aus Frankreich und Polen kommen und unterbreiten eine weitere Forderung: die nach einem „conföderierten republikanischen Europa". Die Regierungen versuchen daraufhin
5 sofort die junge **freiheitliche Bewegung** zu unterdrücken. Der Frankfurter Bundestag verbietet politische Vereinigungen und Volksversammlungen. In diesem „Beschluss des Deutschen Bundestages" (1835) werden bestimmte Schriftsteller als eine gefährliche Gruppe abgestempelt; an erster Stelle steht der Name Hein-
10 rich Heine.

CXXVI. Beschluß,

das sogenannte „junge Deutschland" oder „die junge Literatur", insbesondere das Verbot ihrer Schriften betreffend, vom 10. Dezember 1835, XXXI. Sitzung §. 515.

Nachdem sich in Deutschland in neuerer Zeit, und zuletzt unter der Benennung „das junge Deutschland" oder „die junge Literatur", eine literarische Schule gebildet hat, deren Bemühungen unverholen dahin gehen, in belletristischen, für alle Classen von Lesern zugänglichen Schriften die christliche Religion auf die frechste Weise anzugreifen, die bestehenden sozialen Verhältnisse herabzuwürdigen und alle Zucht und Sittlichkeit zu zerstören: so hat die deutsche Bundesversammlung — in Erwägung, daß es dringend nothwendig sei, diesen verderblichen, die Grundpfeiler aller gesetzlichen Ordnung untergrabenden Bestrebungen durch Zusammenwirken aller Bundesregierungen sofort Einhalt zu thun, und unbeschadet weiterer vom Bunde oder von den einzelnen Regierungen zur Erreichung des Zwecks nach Umständen zu ergreifenden Maßregeln — sich zu nachstehenden Bestimmungen vereiniget:

1) Sämmtliche deutsche Regierungen übernehmen die Verpflichtung, gegen die Verfasser, Verleger, Drucker und Verbreiter der Schriften aus der unter der Bezeichnung „das junge Deutschland" oder „die junge Literatur" bekannten literarischen Schule, zu welcher namentlich Heinr. Heine, Carl Gutzkow, Heinr. Laube, Ludolph Wienbarg und Theodor Mundt gehören, die Straf- und Polizei-Gesetze ihres Landes, so wie die gegen den Mißbrauch der Presse bestehenden Vorschriften, nach ihrer vollen Strenge in Anwendung zu bringen, auch die Verbreitung dieser Schriften, sei es durch den Buchhandel, durch Leihbibliotheken oder auf sonstige Weise, mit allen ihnen gesetzlich zu Gebot stehenden Mitteln zu verhindern.

2) Die Buchhändler werden hinsichtlich des Verlags und Vertriebs der oben erwähnten Schriften durch die Regierungen in angemessener Weise verwarnt und es wird ihnen gegenwärtig gehalten werden; wie sehr es in ihrem wohlverstandenen Interesse liege, die Maßregeln der Regierungen gegen die zerstörende Tendenz jener literarischen Erzeugnisse auch ihrer Seits, mit Rücksicht auf den von ihnen in Anspruch genommenen Schutz des Bundes, wirksam zu unterstützen.

3) Die Regierung der freien Stadt Hamburg wird aufgefordert, in dieser Beziehung insbesondere der Hoffmann- und Camp'schen Buchhandlung zu Hamburg, welche vorzugsweise Schriften obiger Art in Verlag und Vertrieb hat, die geeignete Verwarnung zugehen zu lassen.

Es handelt sich dabei um junge Leute (als Teil einer europäischen Jugendbewegung), die zumeist journalistisch tätig sind, aber keine Gruppe im eigentlichen Sinn bilden. Als Liberale fordern sie vor allem Freiheit, z. B. Presse- und Meinungsfreiheit, Emanzipation

5 des Bürgertums und der Frau; sie lehnen den Absolutismus ab und kritisieren soziale Ungerechtigkeiten und nationale Schranken. Die Vertreter des sogenannten **Jungen Deutschland** treten mit dem Anspruch auf, eine neue Epoche einzuleiten und in ihrem Schaffen den „Zeitgeist" zu repräsentieren. Ihre bevorzugten literarischen

10 Formen sind **(politische) Lyrik, Reisebilder und journalistische Prosa,** vor allem der Essay. Damit gewinnt die **Presse** für die schriftstellerischen Ausdrucksmöglichkeiten im 19. Jahrhunder besondere Bedeutung.

Ab 1840 verschärft sich bei den Autoren, die sich in ihren Werken

15 – im Gegensatz zu den Autoren des Biedermeier – für eine politische und gesellschaftliche Veränderung einsetzen, der Ton: **Satire, politische Anklage** oder sogar **Agitation** treten in den Vordergrund. 1848 veröffentlichen Karl Marx (1818–1883) und Friedrich Engels (1820–1895) das „Manifest der Kommunistischen Partei", in dem

20 die besitzlose Bevölkerungsschicht, das Proletariat, zur historisch bestimmenden Kraft erklärt wird. Die radikalere politische und sozialkritische Dichtung des Jahrzehnts vor der Revolution von 1848 bezeichnet man als **Dichtung des Vormärz.** Die Autoren des Jungen Deutschland und des Vormärz teilen die Auffassung, dass die

25 Dichtung in lebendiger Verbindung mit der politischen, weltanschaulichen und sozialen Gegenwart stehen soll.

Rainer Madsen: Geschichte der deutschen Literatur in Beispielen. Von den Anfängen bis zur Gegenwart. Hrsg. v. Johannes Diekhans. Paderborn: Schöningh (EinFach Deutsch) 1999, S. 185–187

4. Entstehung, Veröffentlichung und Zensur

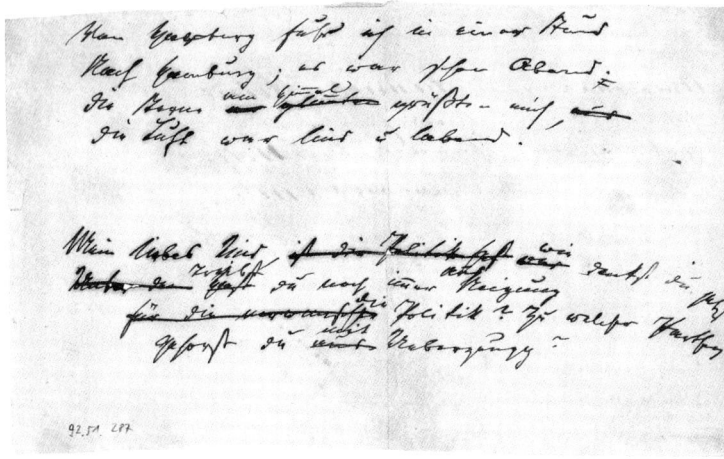

Einige Verse aus dem handschriftlichen Manuskript

Von Harburg fuhr ich in einer Stund
Nach Hamburg; es war schon Abend,
Die Sterne ~~er glimten~~ am Hi̅mel grüßten mich, ~~aus~~
Die Luft war lind u labend.

Mein liebes Kind, ~~ist die Politik hast was~~ wie denkst du jetzt
~~Unter den Hast~~ Treibst du noch i̅mer aus Neigung
~~Für die verwunschte~~ Die Politik? Zu welcher Parthey
Gehorst du ~~aus~~ mit Ueberzeugg?

In: Jochen Meyer [Hrsg.]: Dichterhandschriften. Von Martin Luther bis Sarah Kirsch. Stuttgart: Reclam 1999, S. 96 f.

Niederschrift, Druck, Zensur

Nachdem Heine von seiner Deutschlandreise nach Paris zurückgekehrt war, entstand das „Wintermärchen" in recht kurzer Zeit. Er drängte seinen Verleger Campe, eine Veröffentlichung ohne Vorzensur zu erreichen.

Die Niederschrift erfolgte trotz kurzer Unterbrechungen zügig in wenigen Monaten zwischen Dezember 1843 und Mai 1844, wobei sich [...] drei Phasen unterscheiden lassen – Heines Angabe „Geschrieben im Januar 1844" gilt als Eigenlob. Erste Notizen und Entwürfe müssen noch während der Reise entstanden sein. Eine erste Fassung, „ein höchst humoristisches Reise-Epos, meine Fahrt nach Deutschland, ein Cyklus von zwanzig Gedichten", war Mitte Februar fertiggestellt, weihte Heine doch Campe am 20. Februar 1844 zufrieden in seine Arbeit an einem „ganz neuen Genre, versifizirte Reisebilder" ein. Es fehlten noch zwei Kapitel der Kölner Episode und der Schluss ab Caput XXIII mit der Hammoniagestalt. Eine zweite, um acht Kapitel vermehrte Fassung wurde dann zwischen Mitte Februar und Mitte März niedergeschrieben. Es kamen Caput VI und VII – Traumszene mit Liktor – sowie sechs neue Schlusscapita mit Deutschlandvision und Herrscherapostrophe hinzu. Diese Fassung fiel satirisch schärfer und politisch radikaler aus. In einer dritten Arbeitsphase (Ende Mai) wurden erotische und politische Anzüglichkeiten zensurgerecht abgemildert bzw. gestrichen [...], wodurch sich der Umfang um ein Caput verringerte. [...] Inzwischen hatte die Auseinandersetzung mit Campe über den zensurfreien Druck begonnen. Das wurde für Heine [...] eine Frage von solch grundsätzlicher Bedeutung, dass er gegebenenfalls im Ausland oder gar nicht drucken lassen wollte. Campe wiederum scheute das finanzielle Risiko und stellte sich auf den Standpunkt „Censur muß seyn". Um den zensurfreien Umfang zu erreichen [vgl. S. 111, Z. 15 ff. im Anhang], beschloss Heine den gemeinsamen Druck der *Neuen Gedichte* und des *Wintermärchens* [...]. Am 31. Mai wurde dann die gereinigte Druckvorlage abgeschickt, die bei Campe schwere Bedenken auslöste, welche erst bei dem zweiten Deutschlandaufenthalt im Sommer 1844 ausgeräumt werden konnten. Zu den Feinkorrekturen aus dieser Phase gehören weiter inhaltliche Abschwächungen auf Anraten des eingeschalteten Journalisten François Wille, Änderungen des Satzes und Beseitigung von Einwänden der Hamburger Zensurbehörde [...]. Dennoch gilt der Erstdruck, der am 25. September ohne Vorzensur erschien, als authentische Fassung, da sie in wesentlichen Zügen nicht abgeschwächt worden ist. [...] Parallel zum Erstdruck liefen

bereits die Vorbereitungen eines Separatdrucks mit demselben
Satz, der aber an mehreren, nicht an allen Stellen den Forderungen
der Zensur entsprach [gestrichen wurden insbesondere die vier
letzten Strophen von Caput III und die Verse 19 – 48 von Caput XIX]
5 und Ende September, Anfang Oktober 1844 mit dem *Vorwort* vom
17. September herauskam.

Gerhard Höhn: Heine-Handbuch. Zeit, Person, Werk. Dritte, überarb. u. erw. Aufl.
Stuttgart 2004: Metzler, S. 115 f.

Vorwort zum Einzeldruck 1844

*Das Vorwort bezieht sich auf eine Fassung des „Wintermärchens", die
auf Verlangen der Zensur geändert werden musste. Die Einwände be-
schränkten sich zwar auf ungewöhnlich wenige Stellen und zeigen,
dass auch großzügig zensiert werden konnte; dennoch ist der Text dadurch nicht mehr ganz authentisch, d. h. so, wie ihn sein Verfasser gewollt hat.*

Das nachstehende Gedicht schrieb ich im diesjährigen Monat Januar zu Paris, und die freie Luft des Ortes wehete in manche Stro-
phe weit schärfer hinein, als mir eigentlich lieb war. Ich unterließ
nicht, schon gleich zu mildern und auszuscheiden, was mit dem
5 deutschen Klima unverträglich schien. Nichtsdestoweniger, als ich
das Manuskript im Monat März an meinen Verleger nach Hamburg schickte, wurden mir noch mannigfache Bedenklichkeiten in
Erwägung gestellt. Ich musste mich dem fatalen Geschäfte des
Umarbeitens nochmals unterziehen, und da mag es wohl gesche-
10 hen sein, dass die ernsten Töne mehr als nötig abgedämpft oder
von den Schellen des Humors gar zu heiter überklingelt wurden.
Einigen nackten Gedanken habe ich im hastigen Unmut ihre Fei-
genblätter wieder abgerissen, und zimperlich spröde Ohren habe
ich vielleicht verletzt. Es ist mir leid, aber ich tröste mich mit dem
15 Bewusstsein, dass größere Autoren sich ähnliche Vergehen zu-
schulden kommen ließen. Des Aristophanes will ich zu solcher
Beschönigung gar nicht erwähnen, denn der war ein blinder Heide,

und sein Publikum zu Athen hatte zwar eine klassische Erziehung genossen, wusste aber wenig von Sittlichkeit. Auf Cervantes und Molière könnte ich mich schon viel besser berufen; und Ersterer schrieb für den hohen Adel beider Kastilien, Letzterer für den gro-
5 ßen König und den großen Hof von Versailles! Ach, ich vergesse, dass wir in einer sehr bürgerlichen Zeit leben, und ich sehe leider voraus, dass viele Töchter gebildeter Stände an der Spree, wo nicht gar an der Alster, über mein armes Gedicht die mehr oder minder gebogenen Näschen rümpfen werden! Was ich aber mit noch grö-
10 ßerem Leidwesen voraussehe, das ist das Zeter jener Pharisäer der Nationalität, die jetzt mit den Antipathien der Regierungen Hand in Hand gehen, auch die volle Liebe und Hochachtung der Zensur genießen und in der Tagespresse den Ton angeben können, wo es gilt, jene Gegner zu befehden, die auch zugleich die Gegner ihrer
15 allerhöchsten Herrschaften sind. Wir sind im Herzen gewappnet gegen das Missfallen dieser heldenmütigen Lakaien in schwarz-rot-goldner Livree. Ich höre schon ihre Bierstimmen: Du lästerst sogar unsere Farben, Verächter des Vaterlands, Freund der Franzo-sen, denen du den freien Rhein abtreten willst! Beruhigt euch. Ich
20 werde eure Farben achten und ehren, wenn sie es verdienen, wenn sie nicht mehr eine müßige oder knechtische Spielerei sind. Pflanzt die schwarz-rot-goldne Fahne auf die Höhe des deutschen Gedan-kens, macht sie zur Standarte des freien Menschtums, und ich will mein bestes Herzblut für sie hingeben. Beruhigt euch, ich liebe das
25 Vaterland ebenso sehr wie ihr. Wegen dieser Liebe habe ich drei-zehn Lebensjahre im Exile verlebt, und wegen eben dieser Liebe kehre ich wieder zurück ins Exil, vielleicht für immer, jedenfalls oh-ne zu flennen oder eine schiefmäulige Duldergrimasse zu schnei-den. Ich bin der Freund der Franzosen, wie ich der Freund aller
30 Menschen bin, wenn sie vernünftig und gut sind, und weil ich sel-ber nicht so dumm oder so schlecht bin, als dass ich wünschen sollte, dass meine Deutschen und die Franzosen, die beiden auser-wählten Völker der Humanität, sich die Hälse brächen zum Besten von England und Russland und zur Schadenfreude aller Junker und
35 Pfaffen dieses Erdballs. Seid ruhig, ich werde den Rhein nimmer-mehr den Franzosen abtreten, schon aus dem ganz einfachen Grunde: weil mir der Rhein gehört. Ja, mir gehört er, durch unver-

äußerliches Geburtsrecht, ich bin des freien Rheins noch weit frei-
erer Sohn, an seinem Ufer stand meine Wiege, und ich sehe gar
nicht ein, warum der Rhein irgendeinem Andern gehören soll als
den Landeskindern. Elsass und Lothringen kann ich freilich dem
5 deutschen Reiche nicht so leicht einverleiben, wie ihr es tut, denn
die Leute in jenen Landen hängen fest an Frankreich wegen der
Rechte, die sie durch die französische Staatsumwälzung gewon-
nen, wegen jener Gleichheitsgesetze und freien Institutionen, die
dem bürgerlichen Gemüte sehr angenehm sind, aber dem Magen
10 der großen Menge dennoch vieles zu wünschen übrig lassen. Indessen, die Elsasser und Lothringer werden sich wieder an
Deutschland anschließen, wenn wir das vollenden, was die Franzosen begonnen haben, wenn wir diese überflügeln in der Tat, wie wir
es schon getan im Gedanken, wenn wir uns bis zu den letzten
15 Folgerungen desselben emporschwingen, wenn wir die Dienstbarkeit bis in ihrem letzten Schlupfwinkel, dem Himmel, zerstören,
wenn wir den Gott, der auf Erden im Menschen wohnt, aus seiner
Erniedrigung retten, wenn wir die Erlöser Gottes werden, wenn wir
das arme, glückenterbte Volk und den verhöhnten Genius und die
20 geschändete Schönheit wieder in ihre Würde einsetzen, wie unsere
großen Meister gesagt und gesungen, und wie wir es wollen, wir,
die Jünger – ja, nicht bloß Elsass und Lothringen, sondern ganz
Frankreich wird uns alsdann zufallen, ganz Europa, die ganze Welt
– die ganze Welt wird deutsch werden! Von dieser Sendung und
25 Universalherrschaft Deutschlands träume ich oft, wenn ich unter
Eichen wandle. Das ist *mein* Patriotismus.
Ich werde in einem nächsten Buche auf dieses Thema zurückkom-
men, mit letzter Entschlossenheit, mit strenger Rücksichtslosig-
keit, jedenfalls mit Loyalität. Den entschiedensten Widerspruch
30 werde ich zu achten wissen, wenn er aus einer Überzeugung her-
vorgeht. Selbst der rohesten Feindseligkeit will ich alsdann gedul-
dig verzeihen; ich will sogar der Dummheit Rede stehen, wenn sie
nur ehrlich gemeint ist. Meine ganze schweigende Verachtung wid-
me ich hingegen dem gesinnungslosen Wichte, der aus leidiger
35 Scheelsucht[1] oder unsauberer Privatgiftigkeit meinen guten Leu-

---

[1] Neid

mund in der öffentlichen Meinung herabzuwürdigen sucht und dabei die Maske des Patriotismus, wo nicht gar die der Religion und der Moral, benutzt. Der anarchische Zustand der deutschen politischen und literarischen Zeitungsblätterwelt ward in solcher Beziehung zuweilen mit einem Talente ausgebeutet, das ich schier bewundern musste. Wahrhaftig, Schufterle[1] ist nicht tot, er lebt noch immer und steht seit Jahren an der Spitze einer wohlorganisierten Bande von literarischen Strauchdieben, die in den böhmischen Wäldern unserer Tagespresse ihr Wesen treiben, hinter jedem Busch, hinter jedem Blatt versteckt liegen und dem leisesten Pfiff ihres würdigen Hauptmanns gehorchen.

Noch ein Wort. Das „Wintermärchen" bildet den Schluss der „Neuen Gedichte", die in diesem Augenblick bei Hoffmann und Campe erscheinen. Um den Einzeldruck veranstalten zu können, musste mein Verleger das Gedicht den überwachenden Behörden zu besonderer Sorgfalt überliefern, und neue Varianten und Ausmerzungen sind das Ergebnis dieser höheren Kritik. –

Hamburg, d. 17. Sept. 1844   *Heinrich Heine*

Aus: DHA Bd. 4, S. 300–302. Rechtschreibung und Zeichensetzung wurden den gegenwärtigen Regeln angepasst.

---

[1] besonders brutaler Räuber in Schillers Schauspiel, mit dem Heine auf Karl Gutzkow (1811–78) anspielt, jungdeutscher Schriftsteller wie er und Redakteur von Campes „Telegraph", in dem heftige Angriffe auf Heine erschienen.

5. Bezugstexte

Das „Wintermärchen" nimmt auf literarische Texte oder auch mündliche Überlieferungen Bezug, deren Kenntnis es voraussetzt, um die Vielschichtigkeit des Gedichts, die Tragweite seines Gehalts und die Haltung seines Verfassers verstehen zu können.

Nicolaus Becker: Der deutsche Rhein
Alfred de Musset: Antwort auf das Lied von Becker
(Caput V)

„Im 19. Jahrhundert mischten sich unter die geselligen, weinseligen Töne [...] auch politische und nationale Stimmen. Die Erhebung des Rheins zum nationalen Symbol hing eng zusammen mit der Forderung Frankreichs nach der Rheingrenze. Der Kampf gegen diese Forderung [...] trug erheblich bei zur Ausbildung einer deutschen Nation. [...]
  Ihren literarischen Höhepunkt erreichte die Auseinandersetzung um den Rhein aber in der deutsch-französischen Krise des Jahres 1840. Das Gedicht Der deutsche Rhein des Geilenkirchener Gerichtsschreibers Nicolaus Becker [...] verfocht das stereotype Bild vom ‚Erbfeind Frankreich'. Durch seine Popularität wurde das Gedicht quasi in den Rang einer Nationalhymne erhoben und löste eine wahre Flut von patriotischen Rhein-Gedichten aus[...]."[1]

Nicolaus Becker: Der deutsche Rhein
An Alphons de Lamartine

> Sie sollen ihn nicht haben,
>> Den freien deutschen Rhein,
> Ob sie wie gier'ge Raben
>> Sich heiser danach schrein,
>
> 5 So lang er ruhig wallend
>> Sein grünes Kleid noch trägt,
> So lang ein Ruder schallend
>> In seine Woge schlägt!

---

[1] Sabine Brenner-Wilczek: Warum ist es am Rhein so schön? Gedichte. Stuttgart: Reclam (UB 18518) 2007, S. 117 f.

Sie sollen ihn nicht haben,
10   Den freien deutschen Rhein,
So lang sich Herzen laben
    An seinem Feuerwein;

So lang in seinem Strome
    Noch fest die Felsen stehn,
15 So lang sich hohe Dome
    In seinem Spiegel sehn!

Sie sollen ihn nicht haben,
    Den freien deutschen Rhein,
So lang dort kühne Knaben
20   Um schlanke Dirnen frein;

So lang die Flosse hebet
    Ein Fisch auf seinem Grund,
So lang ein Lied noch lebet
    In seiner Sänger Mund!

25 Sie sollen ihn nicht haben,
    Den freien deutschen Rhein,
Bis seine Flut begraben
    Des letzten Manns Gebein!

Aus: Nicolaus Becker: Gedichte. Köln: Du Mont-Schauberg 1841

Alfred de Musset: Der deutsche Rhein
Antwort auf das Lied von Becker

Wir haben ihn gehabt, den deutschen Rhein.
    In unserm Glas sahn wir ihn funkeln.
    Mit eures Schlagers Prahlerein
    Wollt ihr die stolze Spur verdunkeln,
5 Die unsrer Rosse Huf grub euch ins Blut hinein?

Wir haben ihn gehabt, den deutschen Rhein.
In seiner Brust klafft eine Wunde.
Das Kleid mit seinem grünen Schein
Zerriss Condé[1] in stolzer Stunde.
10 Wo Väter eingekehrt, kehrt leicht der Sohn auch ein.

Wir haben ihn gehabt, den deutschen Rhein.
Wo waren die Germanensitten,
Als über eure Länderein
Des mächtgen Kaisers[2] Schatten glitten?
15 Wo denn liegt eingesargt des letzten Manns Gebein?

Wir haben ihn gehabt, den deutschen Rhein.
Habt ihr das Weltgeschehn vergessen,
So dachten eure Jüngferlein
Um so viel mehr an uns indessen.
20 Sie füllten uns den Krug mit eurem kleinen Wein.

Gehört er euch denn, euer deutscher Rhein,
Wascht die Livree[3] darin bescheiden;
Doch mäßigt euer stolzes Schrein.
Wieviele Raben, auszuweiden
25 Den todeswunden Aar, mögt ihr gewesen sein?

Lasst friedlich fließen euern deutschen Rhein;
Er spiegele geruhsam wider
Der Dome gotisches Gestein;
Doch hütet euch, durch trunkne Lieder
30 Von ihrem blutgen Schlaf die Toten zu befrein.

Alfred de Musset: Dichtungen. Poésies Nouvelles. Frz. mit dt. Übertr.
von Friedrich Schäfer. Heidelberg: Lambert Schneider 1960.
Beide Gedichte zitiert nach Brenner-Wilczek: Warum ist es am Rhein so
schön. A. a. O., S. 35 – 38

---

[1] Louis II. de Bourbon, prince de Condé (1621 – 86), französischer Feldherr
im 30-jährigen Krieg
[2] Napoleons
[3] uniformartige Dienerkleidung

Die Gänsemagd (Caput XIV)

*Das Märchen der Brüder Grimm erzählt von der Tochter einer verwit-
weten Königin, die einen Königssohn heiraten soll, der weit entfernt
wohnt. Mit wertvollem Brautschmuck aus Gold und Silber tritt sie auf
ihrem Pferd Falada, das sprechen kann, die Reise an, auf der sie eine
Kammerjungfer begleitet. Beim Abschied gibt ihr die Mutter ein Läppchen mit drei Tropfen ihres Bluts, die der Tochter in schwierigen Situa-
tionen helfen sollen.*

*Als die durstige Braut nach einiger Zeit die Begleiterin auffordert, ihr in
ihrem goldenen Becher Wasser zu reichen, weigert diese sich, sodass sie
selbst mit einem Seufzer am Bach trinken muss. Die Blutstropfen ant-
worten darauf: „Wenn das deine Mutter wüsste, das Herz im Leibe tät
ihr zerspringen." Diese Situation wiederholt sich ein weiteres Mal und
dabei verliert die Königstochter das Läppchen mit den Blutstropfen,
ohne es zu bemerken. Die Kammerjungfer sieht es aber und weiß, dass
die Herrin ihr nun hilflos ausgeliefert ist. Sie nimmt das königliche
Pferd, zieht die Kleider der Braut an, erzwingt einen Eid, zu schweigen,
und wird am Ziel der Reise als künftige Gemahlin empfangen.*

[S]ie ward die Treppe hinaufgeführt, die wahre Königstochter aber
musste unten stehen bleiben. Da schaute der alte König am Fens-
ter und sah sie im Hof halten und sah, wie sie fein war, zart und gar
schön: ging alsbald hin ins königliche Gemach und fragte die Braut
5 nach der, die sie bei sich hätte und da unten im Hof stände, und
wer sie wäre? „Die hab ich mir unterwegs mitgenommen zur Gesellschaft; gebt der Magd was zu arbeiten, dass sie nicht müßig
steht." Aber der alte König hatte keine Arbeit für sie und wusste
nichts, als dass er sagte: „Da hab ich so einen kleinen Jungen, der
10 hütet die Gänse, dem mag sie helfen." Der Junge hieß *Kürdchen*
(Conrädchen), dem musste die wahre Braut helfen Gänse hüten.

  Bald aber sprach die falsche Braut zu dem jungen König: „Liebs-
ter Gemahl, ich bitte euch, tut mir einen Gefallen." Er antwortete:
„Das will ich gerne tun." „Nun, so lasst den Schinder[1] rufen und da
15 dem Pferde, worauf ich hergeritten bin, den Hals abhauen, weil es
mich unterwegs geärgert hat." Eigentlich aber fürchtete sie, dass

---

[1] jemand, der Tierkörper beseitigt

das Pferd sprechen möchte, wie sie mit der Königstochter umge-
gangen war. Nun war das so weit geraten, dass es geschehen und
der treue Falada sterben sollte, da kam es auch der rechten Königstochter zu Ohr, und sie versprach dem Schinder heimlich ein Stück
5 Geld, das sie ihm bezahlten wollte, wenn er ihr einen kleinen
Dienst erwiese. In der Stadt war ein großes finsteres Tor, wo sie
abends und morgens mit den Gänsen durchmusste, unter das
finstere Tor möchte er dem Falada seinen Kopf hinnageln, dass sie
ihn doch noch mehr als einmal sehen könnte. Also versprach das
10 der Schindersknecht zu tun, hieb den Kopf ab und nagelte ihn unter das finstere Tor fest.

Des Morgens früh, da sie und Kürdchen unterm Tor hinaustrieben,
sprach sie im Vorbeigehen:

     „O du Falada, da du hangest",

15 da antwortete der Kopf:

     „O du Jungfer Königin, da du gangest,
     wenn das deine Mutter wüsste,
     ihr Herz tät ihr zerspringen."

Da zog sie still weiter zur Stadt hinaus, und sie trieben die Gänse
20 aufs Feld. Und wenn sie auf der Wiese angekommen war, saß sie
nieder und machte ihre Haare auf, die waren eitel Gold, und Kürdchen sah sie und freute sich, wie sie glänzten, und wollte ihr ein
paar ausraufen. Da sprach sie:

     „Weh, weh, Windchen,
25   nimm Kürdchen sein Hütchen,
     und lass'n sich mit jagen,
     bis ich mich geflochten und geschnatzt,
     und wieder aufgesetzt."

Und da kam ein so starker Wind, dass er dem Kürdchen sein Hüt-
30 chen wegwehte über alle Lande, und es musste ihm nachlaufen.
Bis es wiederkam, war sie mit dem Kämmen und Aufsetzen fertig
und er konnte keine Haare kriegen. Da war Kürdchen bös und
sprach nicht mit ihr; und so hüteten sie die Gänse, bis dass es
Abend ward, dann gingen sie nach Haus.

35 *Am zweiten Tag geschieht dasselbe und Kürdchen erzählt es dem alten*
König, der es am andern Morgen von Verstecken aus genauso beobach-

tet. Als er abends die Gänsemagd fragt, warum sie sich so verhalte,
verweist sie auf ihren Eid, der sie zum Schweigen verpflichte. Dem
Ofen könne sie es aber sagen, so der König. Dort schüttet sie also ihr
Herz aus, beklagt, was ihr widerfahren ist, und schließt mit den Wor-
5 ten: „Wenn das meine Mutter wüsste, das Herz im Leib tät ihr zerspringen." Der alte König hört ihr heimlich zu und deckt den Betrug
auf. Bei einem Gastmahl, auf dem die Kammerjungfer ihre Herrin
nicht wiedererkennt, schildert der König jener den Fall, ohne erkennen
zu lassen, dass er Bescheid weiß, und fragt sie nach einer angemesse-
10 nen Strafe. Das harte Urteil der Betrügerin wird nun an ihr selbst voll-
streckt.

Brüder Grimm: Kinder- und Hausmärchen. Ausgabe letzter Hand. Hrsg. v. Heinz
Rölleke. Stuttgart: Reclam 2009, S. 415–422

Kaiser Barbarossa im Kyffhäuser (Caput XIV – XVII)

Um den Stauferkaiser Friedrich I. (ca. 1122/1152–1190) mit dem Bei-
namen Barbarossa (ital. Rotbart) rankt sich folgendes Sagengeflecht:

Auf dem Kyffhäuserberg steht weithin sichtbar ein alter Turm, die
Warte der Kaiserburg, welche dieser Berggipfel einst trug und deren Trümmer ein Stück weit unter dem Turm noch zu sehen sind;
diesen Turm nennt das Volk den Kaiser Friedrich. Da der wirkliche
5 Kaiser Friedrich, genannt der Rotbart, vom Papst mit dem Bann
belegt worden war, waren für ihn alle Kirchen und Kapellen geschlossen, kein Priester durfte ihm die Messe lesen. Da legte der
edle Held ein Gewand an, das ihm aus Indien verehrt worden war,
nahm ein Fläschchen mit duftendem Wasser, bestieg sein Ross
10 und ritt tief in einen dunklen Wald hinein. Nur wenige seiner Getreuen durften ihm folgen, aber auch ihnen entschwand er schließlich und wurde von keinem mehr gesehen. So war der hochgebore-
ne Kaiser verloren.
Alte Bauern haben berichtet, er habe sich manchmal noch blicken
15 lassen und angekündigt, er werde einst wieder mächtig werden,
die Pfaffen stören und das Heilige Grab wieder in die Gewalt der
Christen bringen, sodass niemals mehr ein Ritter sein Schwert des-
wegen ziehen müsse. Dann werde er seinen Schild an den Ast eines dürren Baumes hängen und im ganzen Land Frieden stiften.

Allen werde er das gleiche Recht bringen, die heidnischen Reiche endgültig unterwerfen und die Nonnen verehelichen und zur Arbeit leiten. Dann kämen gute Jahre, und der dürre Baum werde wieder ergrünen.

5 So klangen Sage, Lied und Prophezeiung aus grauer Zeit, und über die Jahrhunderte verschmolz das Heldenbild Kaiser Friedrichs I., Rotbart, mit dem Bild Kaiser Friedrichs II., denn auch dieser hatte Deutschland verlassen, kehrte niemals zurück, und auch nachdem er tot war, glaubte das treue Volk doch, er lebe, und wartete ohne
10 Ende auf seine Wiederkehr.

Da er aber nicht wiederkehrte, sagte das Volk schließlich, Kaiser Friedrich habe sich selbst – mit seiner Tochter, seinem ganzen Hofgesinde, seinen Wappnern und Zwergen – tief in den Schoß der alten Kaiserfeste Kyffhäuser verwünscht, und da sitze er nun
15 schlummernd, mit einem langen Bart, der durch seinen steinernen Tisch und um diesen herum gewachsen sei, und zwar bereits zwei Mal. Wenn aber der Bart das dritte Mal herumgewachsen sei, dann werde der Kaiser wiederkehren, die Krone wieder in Anspruch nehmen und das Reich wie in alter Zeit wieder beherrschen.

20 Um den Berg aber, in dem der Kaiser verzaubert im Halbschlummer sitzt, fliegen in einem fort die Raben. Alle hundert Jahre sendet der Kaiser einen Zwerg herauf. Der muss auskundschaften und fragen, ob die Raben noch fliegen. Und wenn er zurückkehrt und verkündet, dass sie noch immer fliegen, dann neigt der Kaiser trau-
25 riger als zuvor sein greises Haupt und zwinkert im Halbschlaf mit den Augen.

Unvergängliche Sagen und Legenden. Stuttgart, Zürich, Wien: Reader's Digest. Verlag Das Beste 2003, S. 146

Kyffhäuser

mit Barbarossa-Denkmal

6. Wirkungsgeschichte

Gegensätzliche Einschätzungen

[Es gibt] kein zweites Werk Heines, das die Leser bis in die jüngste Zeit zu derart gegensätzlichen Urteilen herausgefordert hat. Dies gilt umso mehr für die Zeitgenossen, die die behandelten Themen in der Regel noch mit größerer Betroffenheit aufnehmen mussten.
5 In den Rezensionen und sonstigen Äußerungen findet man daher auch die widersprüchlichsten Urteile. Für die einen bewegt sich Heine mit seiner Kritik auf der Höhe der Zeit, für die anderen bleibt er weit hinter der tatsächlichen Entwicklung zurück. Er gilt teils als gefährlicher Kritiker, teils als völlig harmlos und ungefährlich. Auch
10 die ästhetischen Einschätzungen des *Wintermärchens* weichen erheblich voneinander ab. Während die einen es für das Werk eines neuen antiklassizistischen Aristophanes halten, sprechen die anderen von „klassischer Reinheit" und können sich dabei in beiden Fällen auf Selbstaussagen Heines berufen. Sprache und Vers gel-
15 ten einmal als überaus witzig und artistisch, zum anderen als „gemein", „derb", „obszön" und „unflätig". [...] Überwiegend negativ urteilen neben den Zensurbehörden die Pariser Börneaner[1] und konservative Journalisten, die einen mehr aus politischen, die anderen mehr aus ästhetischen Gründen. Durchweg positiv ist die
20 Resonanz dagegen im privaten Umkreis des Autors, in der liberalen Presse und bei sozialistisch orientierten Autoren.

Aus: DHA Bd. 4, S. 974

19. Jahrhundert

Die „Neuen Gedichte" mit dem „Wintermärchen" wurden ebenso wie der Separatdruck bald nach ihrem Erscheinen in Preußen und auf Verlangen der dortigen Behörden auch in den meisten anderen Bundesstaaten verboten. Hamburg weigerte sich allerdings, gegen den bereits vorzensierten Separatdruck vorzugehen, kommt aber der Aufforderung

---

[1] Anhänger des Schriftstellers Ludwig Börne (1786–1837), der wie Heine als Gegner der Restauration in Paris lebte. Sie entzweiten sich aber aus politischen, literarischen und persönlichen Gründen.

Preußens nach, den Zensor zu größerer Strenge zu verpflichten. Im
Dezember erlässt der preußische König einen Haftbefehl gegen Heine.
  „Um die zu erwartenden behördlichen Gegen- und Zwangsmaß-
nahmen zu unterlaufen, war es Heines wie Campes Interesse, öffentli-
che Ankündigungen für das Wintermärchen *und die* Neuen Gedichte
so lange zurückzuhalten, bis die Buchhändler ihre Exemplare hatten
und mit dem Verkauf beginnen konnten, das heißt, bis sie ihre Geschäf-
te in aller Ruhe bereits hatten abwickeln können." (DHA Bd. 4,
S. 975).
Nicht nur den monarchischen Staaten, sondern auch den Nationalis-
ten war das „Wintermärchen" ein Dorn im Auge. Deren Kritik, die bis
ins 20. Jahrhundert ausstrahlt, fasst ein Literaturwissenschaftler zu-
sammen:

Heines ‚Deutschland. Ein Wintermärchen' (1844) galt in den Augen aller ‚wahren Teutschen' lange Zeit als sein übelstes, perfides-
tes Werk. Vor allem im 19. Jahrhundert sah man auf nationalistischer Seite im Autor dieser ‚Schandverse' lediglich einen gebore-
5 nen Miesmacher, vaterlandslosen Juden oder rücksichtslosen
Nestbeschmutzer, der sich vor Deutschland geradezu ekle und der
statt dessen einer charakterlosen Vorliebe für alles Französische,
das heißt Oberflächliche, Frivole, Zynische und Libertinistische
huldige. Solche Urteile wurden auf völkischer Seite [...] bis weit in
10 das 20. Jahrhundert hinein nachgebetet, ja nach 1933 zu wahren
Hassgesängen gesteigert. Erst nach dem Zusammenbruch des
Dritten Reiches hat diese Art der Heine-Kritik merklich nachgelas-
sen [...].
Doch selbst heute, wo sich diese braune Flut wieder verlaufen hat,
15 dominiert im Westen noch immer eine deutliche Abneigung gegen
Heines ‚Wintermärchen', da in diesem Werk nicht nur der deutsche Nationalismus, sondern die Fehlentwicklung der deutschen
Geschichte schlechthin angegriffen wird. [...] Lediglich die Linken,
die schon immer für eine stärkere ‚Internationalität' eingetreten
20 sind, halten hier das ‚Wintermärchen' hoch.

Aus: Jost Hermand: Heines ‚Wintermärchen' – Zum Topos der ‚deutschen Misere'. In:
Diskussion Deutsch 8 (1977). H. 35. S. 234–236

Heines Versepos findet jedoch auch Zustimmung, sogar in Preußen. Der Berliner Diplomat und Schriftsteller Karl August Varnhagen von Ense (1785–1858), mit dem Heine seit seines Studiums in der preußischen Hauptstadt freundschaftlich verbunden ist, notiert am 13./15. Oktober 1844 in sein Tagebuch:

Ein wahres Bad der Erfrischung und Stärkung! Über den Kölner Dombau, über die deutschen Heucheleien, meisterhaft! [...] [Heine] hat einen ganz neuen Dichterruhm, einen frischen zweiten errungen, jedermann gesteht, dass sein neuer Band von größtem
5 Genius zeugt, dass er mit Recht sich einen Sohn von Aristophanes nennen kann.

Aus dem Nachlass Varnhagen's von Ense. Tagebücher von K. A. Varnhagen von Ense. Bd. 2. Leipzig: Brockhaus, 1861, S. 377 und 384 f. Zit. nach Bellmann, Erläuterungen und Dokumente, S. 116

Der Dichter Ferdinand Freiligrath, den Heine in die Reihe Berliner Personen einfügt, über die er sich lustig macht (Caput XI, V. 27 f., 55 f.), äußert sich in einem Brief trotzdem begeistert:

Wenn Sie „Deutschland, ein Wintermärchen" an einem trüben Novembernachmittage vornehmen, so garantier' ich, trotz der Herbstnebel, für den hellsten Sonnenschein in Ihrem Innern. Ich wenigstens bin, obgleich ich selbst in dem Opusculo[1] einige Hiebe
5 abkriege, bei'm Lesen fast unter den Tisch gefallen vor Lachen.

Wilhelm Buchner: Ferdinand Freiligrath: Ein Dichterleben in Briefen. Bd. 2. Lahr: Schauenburg [1882], S. 130. Zit. nach Bellmann, Erläuterungen und Dokumente, S. 117

Die positiven Stimmen in Frankreich, wo am 7. und 10. Dezember 1844 eine Übersetzung des „Wintermärchens" erschien, repräsentiert eine Rezension in der Zeitschrift „Le National de 1834" einige Tage später:

Herr Heine hat in diesem Jahr ein neues Gedicht veröffentlicht, das ihm seine vaterländischen Gefühle eingaben, als er nach dreizehnjährigem Exil den Boden seines Landes berührte: „Deutschland. Ein Wintermärchen": Dieses Gedicht ist ein Meisterwerk satiri-
5 scher Fantasie und freiheitlicher Vorstellung, das wie die anderen

---

[1] in der kleinen Schrift

Hermannsdenkmal bei Detmold

Werke des Autors den englischen ‚Humor' mit der deutschen Träumerei vereint und
beweist, dass das Herz des
⁵ Dichters sich immer gleichge-
blieben ist, nämlich wie einst
geteilt zwischen den Widerwillen gegen den königlichen oder
priesterlichen Despotismus
¹⁰ und die leidenschaftliche Liebe
zur Freiheit und Brüderlichkeit.
Dieses Gedicht hat in Deutschland starkes Aufsehen hervorge-
rufen; und seine Übersetzung,
¹⁵ die uns die Revue de Paris soeben wiedergegeben hat, wird
bestimmt in Frankreich einen
ähnlichen Erfolg haben. Der Dichter hatte vielleicht niemals seine
französische Seelenverwandtschaft so freizügig enthüllt; er hatte
²⁰ auch niemals den Absolutismus jenseits des Rheins mit derart bei-
ßenden Versen gegeißelt; niemals hatte er einen derart unerbittli-
chen Krieg gegen die Tyrannen seines Landes geführt, gegen „dieses Preußen, den bigotten und großgewachsenen, gefräßigen und
prahlerischen Helden in Gamaschen, mit seinem Gefreitenknüp-
²⁵ pel, den er in Weihwasser taucht, bevor er zuschlägt"[1]; niemals
hatte er schließlich dieses ganze inquisitorische Mönchstum, bei
dem „sich die Boshaftigkeit mit der Dummheit paart", so kraftvoll
verflucht. Wir haben, wenn wir zitieren wollen, lediglich die Qual
der Wahl unter mehreren Passagen, die gleichermaßen vor Begeis-
³⁰ terung, Wut und Poesie sprühen: die Rheinrede, die Nachtwache
im Kölner Dom, die spöttischen Danksagungen an Hermann, den
Varusbezwinger, etc. etc.

Übers. nach: Heinrich Heine. Sämtliche Schriften. Hrsg. v. Klaus Briegleb. Bd. VI/2.
München: Hanser 1976, S. 538

---

[1] Vgl. Heines Vorrede zu den *Französischen Zuständen*, die Zeitungsartikel
von ihm versammeln

20. Jahrhundert

Der Schriftsteller Hermann Kesten verfasste 1944 im Exil in New York einen Essay über das „Wintermärchen". Darin heißt es:

Kein anderer deutscher Schriftsteller (trotz Goethe und Nietzsche) hat die Deutschen so verlacht, verspottet, verhöhnt, verurteilt und verdammt wie Heine, obwohl er Deutschland so heiß geliebt hat, wie die alten Propheten Jerusalem, und ein besserer Patriot war, als
5 jene professionellen Patrioten, die ihr Brot damit verdienen, dass sie in ihrem Lande alles besser finden als überall anders. Aber Heine führte nicht nur den Krieg gegen Preußen und den König Friedrich Wilhelm IV. und gegen den König von Hannover und Metternich und gegen die Väter der SS und SA, die altteutschen Turner,
10 und gegen den spirituellen Großvater von Goebbels, den witzigen Gentz[1], und gegen die deutschen Zensoren, und den Gestank der deutschen Zukunft im 19. und 20. Jahrhundert. Heine lachte über *alle* Tyrannen, er verspottete *alle* Zensoren, er wollte die gleichen Gesetze für *alle* Menschen und den gleichen Genuss für alle.
15 Dieser witzige Sohn der großen Französischen Revolution ward die Stimme aller Revolutionen, eine Stimme aus Musik und Feuer. Dieses Poem vom Deutschland von 1844, gegen das alte ewige Deutschland und für das neue, bessere Deutschland ist eines der schärfsten revolutionären Lieder des 19. Jahrhunderts.
20 Die meisten revolutionären Gesänge verderben wegen der Erfüllung ihrer Forderungen. Heines Poem hat 1944 den frischen Atem behalten, den es 1844 hatte. Seine Poesie ist unsterblich, sein Witz unvergänglich geblieben. Leider sind auch seine Probleme aktuell wie vor hundert Jahren. Die Dienstbarkeit hat sich auf Erden nur
25 verbreitet und ihren Schlupfwinkel im Himmel nicht aufgegeben. Der Gott im Menschen ist mehr erniedrigt als seit Jahrhunderten. Die Menschenwürde ist in Gefahr, bis auf die Vorstellung von ihr, verloren zu gehen. Das Individuum ist nur noch eine zoologische Rarität. [...]

---

[1] Friedrich von Gentz (1764–1832), konservativer preußischer Politiker und Schriftsteller, enger Mitarbeiter Metternichs

Die Feinde der Menschheit fürchten und proskribieren[1] und
schweigen ihn heute noch tot. Es sind die alten Feinde der Menschheit, dieselben 1844 wie 1944, Antisemiten, Reaktionäre[2] und Chau-
vinisten[3], Heuchler und Tyrannen in Uniformen und Religionsrö-
5 cken, und im Zivil.

Wo man aber gegen die Tyrannen kämpft, gegen das überkomme-
ne Unrecht und den vererbten Aberglauben, gegen alle Privilegien
und Vorurteile der Geburt, der Rasse, der Klasse, der Nationalität
und der Sozietät, gegen die moralischen, politischen, ökonomi-
10 schen, religiösen und sozialen Seuchen, da ist Heine der Sprecher
der Humanität, ein Wortführer der Menschheit.

Wenn Lächerlichkeit töten würde, gäbe es seit Heine keine preußischen Tyrannen mehr, und Heine hätte auch viele andere Feinde
der Menschheit zu Tode gelacht. Unter den großen Spöttern der
15 Menschheit, den lachenden Kämpfern gegen die Anti-Humanen,
von Aristophanes bis Mark Twain, ist Heine der Aktuellste.

Hermann Kesten: Der Geist der Unruhe. Köln: Kiepenheuer & Witsch 1959, S. 74–76

---

[1] ächten
[2] Anhänger überwundener politischer Vorstellungen und Verhältnisse
[3] militante Nationalisten

Wolf Biermann: Deutschland. Ein Wintermärchen
(Ausschnitte)

Der Lyriker und Liedermacher Wolf Bier-mann wurde 1936 als Sohn einer kommunistischen Arbeiterfamilie in Hamburg geboren, sein Vater in Auschwitz ermordet. 1953 übersiedelte er in die DDR, studierte Politische Ökonomie und Philosophie, arbeitete zwei Jahre als Regieassistent am „Berliner Ensemble", das Bertolt Brecht gegründet hatte, und leitete das „Berliner Arbeiter- und Studententheater", das er selbst aufbaute und das 1963 die Behörden auflösten. Im selben Jahr wurde er wegen seiner kritischen Haltung aus der SED ausgeschlossen und durfte in der DDR weder publizieren noch auftreten. Seine Gedichtbände erschienen aber in der BRD und verbreiteten sich illegal auch im östlichen Deutschland, das ihn 1976 ausbürgerte.

Die zwischen 1965 und 1970 entstandene lyrische Dichtung „Deutschland. Ein Wintermärchen" schildert eine Reise des Ich-Erzählers von Ost-Berlin nach Hamburg zu seiner Mutter und Erlebnisse in der Hansestadt. Dabei setzt er sich mit der politischen Situation in den beiden Staaten auseinander.

Kapitel IV

Die Passkontrolle zog sich hin
Der Zug war festgewachsen
Ich saß und saß und saß und saß
5 Auf Kohlen statt auf Achsen

Und meine Schöne visavis
Mit großen Kinderaugen
An ihren Lippen fing sie an
Zu beißen und zu saugen

Halb ängstlich, halb mokant[1] sah sie
10 Auf unsre Grenzsoldaten
Das war Anschauungsunterricht
Thema: Zwei deutsche Staaten

Die Kleine hielt den Westpass hin
Fast wie ein Kruzifix
15 Wer Jesus schwenkt und Marx nicht kennt
Dem tut der Teufel nix

Doch nützte ihr das Westpapier
Nicht viel; ihr scharfer Busen
– die Grenzer schielten schräg und frech
20 Und tief ihr in die Blusen

Die strammen Jungs aus Mecklenburg
Da kamen sie ins Schlottern
Sie fingerten am Koppelschloss
Und fingen an zu stottern

25 Das rührte mich, ich geb es zu
Es hat mich fast ergriffen:
Die haben auf die Dienstvorschrift
Ganz ungeniert gepfiffen

Ein Deutscher, der in Uniform
30 Auf Sex starrt, statt auf Stempel
Ist schon ein Fortschritt, sag ich euch
Ein menschliches Exempel

[...]

Kapitel X

Als ich die Küchentür zu Haus
Mit einem Ruck aufmachte
Fiel meiner Mutter aus der Hand
Ein Teller und sie lachte

---

[1] spöttisch (vgl. frz. moquer: spotten)

5 Sie weinte und sie lachte wild
Und haute mir ne Schelle[1]
„Das ist für dein' Parteirausschmiss!"
Sie füllte mit der Kelle

Mir eine heiße Suppe ein
10 Aus Fleisch und Rinderknochen
Womit man Tote lebend macht
Kein Mensch kann die so kochen

Ich saß auf meinem alten Platz
Und schlürfte mit Vergnügen
15 Erzählte zwischendurch was aus
Berlin in groben Zügen

„Mein Sohn, es scheint, du bist ja wohl
Richtig berühmt geworden
Besonders hier im Westrundfunk
20 – doch nützen uns die Orden

Die dir die Feinde um den Hals
Zur Anerkennung hängen?
Sind das nicht lauter Mühlsteine?
Und lässt du dich nicht drängen

25 In eine falsche Position
Wo dich die Feinde loben?
Das gute alte Bebelwort[2]
Ist doch nicht aufgehoben ...

... Du bist doch unsrer Sache treu
30 Ich mach mir große Sorgen
Versteh mich recht, ich grüble oft
Vom Abend bis zum Morgen"

---

[1] Maulschelle, Ohrfeige
[2] August Bebel (1840–1913), Mitbegründer und Vorsitzender der SPD:
„Wenn mich meine Feinde loben, kann ich sicher sein, einen Fehler gemacht zu haben."

„Das gute alte Bebelwort,
Mama, es gilt noch immer
35 Doch gibt es Feinde der Partei
Die sind noch zehnmal schlimmer

Sie sitzen in den eignen Reihn
Ganz unten und ganz oben
Und da gilt auch das Bebelwort:
40 ‚Wenn dich die Feinde loben ...'

Und diese Feinde hassen mich
Die deutschen Stalinisten
Weil ich kein weißes Schaf bin, führn
Sie mich auf schwarzen Listen

45 Seit ich aus der Partei flog, lobt
Der Westen mich emphatisch
Die schlagen mich – die schmeicheln mir
Das geht ganz automatisch

Man steigt im Westen hoch im Kurs
50 Wenn man im Osten absackt
Herr Springer[1] greift nach jeder Hand
Die Walter Ulbricht[2] abhackt

Das ist das deutsche Schaukelspiel
Gesamtdeutsches Entzücken:
55 Der Balken liegt dem ganzen Volk
Quer auf dem krummen Rücken

Sag lieber: Was macht die Partei
Die Hamburger Genossen?
Seit dem Verbot der KPD
60 Ist schon viel Zeit verflossen

[...]

---

[1] Axel Cäsar Springer (1912–1989), Zeitungsverleger, in dessen Verlag u.a.
die BILD-Zeitung erscheint
[2] bis 1970 mächtigster Politiker in der DDR

Ich hörte zu und trank und aß
Mit gutem Appetit
Es tut doch gut, wenn man nach Jahrn
Die Mutter wiedersieht

Kapitel XI

Das Bett war weich, mein Bauch war voll
Ich konnt und konnt nicht schlafen
Im Mund ein bitterer Geschmack
Vom Zigarettenpaffen

5 „Mama, ich bin zum Kotzen satt
Und bin so ausgehungert
Nach Menschen auf dem Jungfernstieg
Ich geh noch in die Stadt"

„Mein Jung bleib hier, ich glaub du hast
10 Den Magen dir verdorben
Und außerdem: die Innenstadt
Ist nachts wie ausgestorben

Im Zentrum bauten sie seit Jahrn
Nur Kaufhalln und Büros, da
15 Wohnt kein Mensch, nach Ladenschluss
Ist absolut nix los da"

„Mama, ich suche eine Frau
Aus manchen guten Gründen
Du kennst das Weib dem Namen nach
20 Ich muss sie heut noch finden

Zu lange Jahre sah ich nicht
Hammonia, die Gute
Mit dem enormen Hinterteil
Und mit der Zuckerschnute"

[...]

Kapitel XIII

Die Nacht war nass, die Nacht war kalt
Ich hatte nicht einen Groschen
Die Leuchtfassaden starben ab
Die Schaufenster erloschen

5 Ich heulte wölfisch in die Nacht
Hoch zu dem Mond, dem bleichen
Hammonia! Hammonia!
Mensch, gib mir doch ein Zeichen!

Das Bismarckdenkmal tauchte auf
10 Und unten, nah den Stufen
Ein kleines Zelt vom Straßenbau
Das kam mir wie gerufen

Das war genau das Richtige
Für meine müden Knochen
15 Auf allen Vieren bin ich durch
Den vordern Schlitz gekrochen

Müllschlucker funktionieren ganz
Exakt wie dieses Zelt
Kaum war ich drin, verließ ich schon
20 Beschleunigt diese Welt

Erst rutschte ich in' Gullischacht
Auf einer glitschig schiefen
Holzebene, dann sauste ich
Senkrecht in tiefre Tiefen

[...]

25 Ihr kennt ja selbst vom Schaukeln her
Dies Ziehen tief im Magen
Wie lang ich mich im freien Fall
Befand, ist schwer zu sagen

Doch fiel ich weich, in einen Schlamm
30 Das war noch immer besser
Als alles andre, denn ich fiel
In Hamburgs Abgewässer

Der Nachttopf einer ganzen Stadt!
(Ich möchte euch verschonen –
35 Vielleicht genügt der Hinweis euch:
Das ist kein Ort zum Wohnen)

Durch eisig kalten Dreck schwamm ich
Ums nackte Überleben
Im Grunde gings mir ebenso
40 Auch sonst in diesem Leben

[...]

Der Strom riss mich von nirgendwo
Nach nirgendwo in Hast
Die Kleider hingen schwer an mir
Eiskalte Zentnerlast

45 Die Kräfte ließen nach, ich gab
Es auf und ließ mich sacken
Da fühlte ich mich eine Faust
Plötzlich im Nacken packen ...

... und riss mich hoch. Ich sagte mir:
50 Da hast du es, du Spötter
Der Mensch lebt nach dem Tode *doch*
Es gibt sie doch, die Götter!

– Du kommst zwar in der Unterwelt
Nicht grade wie ein Lord an
55 – egal, wenn es auch furchtbar stank –
Jetzt sind wir übern Jordan

Ich wurd durch Rohre durchgezerrt
Durch schimmelweiße Keller
Gasstrümpfe brannten bläulich-grün
60 Es wurde warm und heller

Gespenstig ging wer neben mir
'ne massige Gestalt
Die Abgewässer rauschten fern
Und schaurig hats gehallt

65 Er ließ mich liegen, brachte dann
Drei Eimer heißes Wasser
Und zog mich aus und seifte mich
Kein Körperteil vergaß er

Aus einem Riesenkleiderballn
70 Zerfressen schon von Motten
Zog er mir eine Uniform
Rot-Front-Kämpfer Klamotten

Verdammt noch mal, da sah ich mir
Den Mann genauer an:
75 Ein Kleiderschrank mit kahlem Kopf
Tatsache! Teddy Thälmann!![1]

Kapitel XIV

„Genosse Thälmann, Teddy! Mensch!
Dass ich dich hier gefunden!
Die deutsche Reaktion zählt dich
Längst zu den toten Hunden

5 Und das ZK[2] unsrer Partei
Hat dich kanonisiert[3]
Du bist zum ersten Heiligen
Der Kirche avanciert!"

---

[1] Ernst Thälmann (1886–1944), Hamburger Hafenarbeiter und Vorsitzender der KPD, 1944 im KZ Buchenwald erschossen
[2] Zentralkomitee; Leitungsgremium Kommunistischer Parteien
[3] in den Kanon aufgenommen, als mustergültig anerkannt

„Wie redst du überhaupt mit mir
10 Du naseweises Rotzlicht?
Wer ist das, der so familiär
Hier unten bei mir einbricht?"

„Ich bin von damals noch der Sohn
Vom Hammerbrooker[1] Biermann
15 Und meine Mutter kennst du auch
Die kleine Emmi Biermann"

„Denn büss du jo de Enkl von
Den olln Kuddl Dietrich
De mit dat Glasooch! Sett di henn
20 Un mook di dat gemütlich!"

Einen steifen Grog (Rezept:
Rum muss – Zucker kann –
Wasser braucht nicht) braute mir
Teddy Thälmann dann

25 Gierig trank ich zwei drei Glas
Von dem Grog, dem heißen
Thälmanns Schiffszwieback dazu
War zum Zahnausbeißen

„Nun sag mal, Teddy, sind wir tot?
30 Oder sind wir noch am Leben?"
„Unsterblich sind die Menschen, die
Sich für die Menschheit geben"

„Und warum vegetierst du in
Der Kanalisation?"
35 „Ich wart hier unten auf den Start
Zur Weltrevolution

---

[1] Hammerbrook: Stadtteil von Hamburg

Zwar hat die Revolution
Mal Ebbe und mal Flut
Ein Kommunist ist aber einer, der
40 *Immer* was für sie tut

Ich fische täglich stundenlang
In Hamburgs Abgewässern
Da find ich alles vom Brilljant
Bis hin zu Küchenmessern

45 Ich sammel Waffen, Munition
Und Proviant in Dosn
Auch Uniformen, Stiefel, Schnaps
Und warme Unterhosn

Im Straßenkampf bewährt sich gut
50 Das leichte Krupp-MG
Ich hab davon vier Stück und doch
Zu wenig, wie ich seh

Im Nebenkeller hab ich noch
Ein' Wald von rotn Fahnen
55 Das Schönste ist, dass oben die
Von alledem nix ahnen!

Und jetzt zeig ich dir noch ein' Raum
Da lagern ganze Haufn
Goldringe, Broschen, all son Kram
60 Den wollen wir verkaufn

Sobald es losgeht. Für das Geld
Besorgn wir uns Kanonen
Du siehst: die kleinste Kleinarbeit
Kann sich am Ende lohnen"

65 Er war auch eingedeckt mit Dy-
namit und andren Scherzen
Zuletzt trat ich in einen Raum
Da flackerten zwei Kerzen

Vor einem hohen Stalinbild
70 Echt Oel in goldnem Rahmen
Umrankt von Loorbeerfirlefanz
Drapiert mit schweren Fahnen

Davor stand eine Art Altar
Darauf ein Telefon
75 Sah aus wie aus dem Nachlasskram
Des alten Edison[1]

„Dies Telefon, mein lieber Sohn"
– sprach Teddy mit Begeistrung
„Ist mein geliebtes Heiligtum:
80 Entscheidend für die Meistrung

Der Schwierigkeiten, die wir bei
Der Koordination
Des Zeitpunkts haben, wenn sie steigt,
Die Weltrevolution

85 Nochmal passiert uns nicht, dass wir
So isoliert losschlagen
Wie Dreiundzwanzig in Barmbeck[2]
In den Oktobertagen!

Dies Telefon verbindet mich
90 Direkt mit Joseph Stalin
Die Leitung geht bis Moskau durch
Direkt in Kreml-Saal rinn"

Als Thälmann so von Stalin sprach
Da hab ich doch gestutzt
95 Ich fragte ihn: „Wann hast du denn
Das Ding zuletzt benutzt?

---

[1] Thomas Alva Edison (1847–1931), amerikanischer Erfinder
[2] Stadtteil von Hamburg, wo 1923 ein Aufstand die größte Unterstützung
    fand

Dein Stalin ist längst tot, mann nennt
Ihn längst nicht mehr den ,Großen'
Das Sowjetvolk hat ihn beweint
100 Verflucht und dann verstoßen

[...]

Kapitel XV

[...]

„Trotzalledem, min Jung, es is
Nie meine Art zu kneifn
Was wahr ist, ist nun leider wahr
Der Mensch muss das begreifn

5 Nein! keine Stunde bleib ich noch
Hier untn in mein' Rattnloch
Wenn das so is, wie du das sagst
Dann steig ich in die Stadt hoch

So alt ich bin, so tot ich bin
10 Dann müssn wir *beide* ebn
Von vorn anfangn und länger nicht
An altm Plunder klebn

Denn unser Menschheitstraum, er bleibt
Trotz all der Niederlagn
15 Und scheitern wir, dann werdn wir
Es noch und noch mal wagn!

Komm mit, ich kenn da einen Gang
Der führt uns durch den Schiet[1] rauf
In eine Fischeräucherei
20 (Da hab ich Appetit auf!)"

---

[1] die Scheiße

Kapitel XVI

Wir zogen los und Teddy sprach:
„Jung, diese Räucherei
In Altona am Hafntor
Gehört unsrer Partei!"

5 Ich folgte ihm, er fand den Weg
Er stemmte ein' Deckel hoch
Wie herrlich in die Nase uns
Der Fisch! der frische Rauch kroch!

Da hing ein ganzer Heringsschwarm
10 An langen schwarzen Stangen
Ein Bild war das! Das war 'ne Lust!
Du brauchst nur zuzulangen

Vier Weiber standen in der Reih
An einem langen Tische
15 In flache Kisten packten sie
Die fetten braunen Fische

Sie sahn nicht von der Arbeit auf
Wir standen ihnen im Rücken
Die eine hatte ein Hinterteil
20 Das war nicht zum Entzücken

– Das war schon mehr: ein übermensch-
... ein göttlich schönes Bildnis!
Ich glaub, es gibt kein' Mann, der nicht
Im Grund auf so was wild is

25 „Hammonia! Hammonia!"
Den legendären Alten
Ich ließ ihn stehn und stürzte los
Mich konnte nichts mehr halten

Die Göttin aber packte stur
30 Die Kiste voll und sprach dann
Zu Teddy: „Teddy, was bringst du
Uns da fürn nettn Kerl an?"

[...]

Und eh ich mich versah, ging schon
'ne Flasche in die Runde
35 „Schön, dass ihr da seid! Macht mit uns
'ne kleine Feierstunde!"

Wolf Biermann: Deutschland. Ein Wintermärchen. Berlin: Wagenbach 1973, S. 13 f., 36 f., 39 f., 46 – 52, 58 – 60

7. Satire

Philosophisch-ästhetische Beschreibung von Schiller

Friedrich Schiller (1759–1805) erläutert das Wesen der literarischen Satire in dem Aufsatz „Über naive und sentimentalische Dichtung", indem er sich auf das in der Vernunft begründete Ideal der Vollkommenheit bezieht, und unterscheidet dabei drei verschiedene Arten:

Satirisch ist der Dichter, wenn er die Entfernung von der Natur und den Widerspruch der Wirklichkeit mit dem Ideale (in der Wirkung auf das Gemüt kommt beides auf eins hinaus) zu seinem Gegenstande macht. Dies kann er aber sowohl ernsthaft und mit Affekt[1]
5 als scherzhaft und mit Heiterkeit ausführen [...]. Jenes geschieht durch die *strafende* oder pathetische[2], dieses durch die *scherzhafte* Satire. [...]
In der Satire wird die Wirklichkeit als Mangel dem Ideal als der höchsten Realität gegenübergestellt. Es ist übrigens gar nicht nö-
10 tig, dass das Letztere ausgesprochen werde, wenn der Dichter es nur im Gemüt zu erwecken weiß; dies muss er aber schlechterdings, oder er wird gar nicht poetisch wirken. Die Wirklichkeit ist also hier ein notwendiges Objekt der Abneigung, aber, worauf hier alles ankömmt, diese Abneigung selbst muss wieder notwendig
15 aus dem entgegenstehenden Ideale entspringen. Sie könnte nämlich auch eine bloß sinnliche Quelle haben und lediglich in Bedürfnis gegründet sein, mit welchem die Wirklichkeit streitet; und häufig genug glauben wir einen moralischen Unwillen über die Welt zu empfinden, wenn uns bloß der Widerstreit derselben mit unserer
20 Neigung erbittert. Dieses materielle Interesse ist es, was der gemeine Satiriker ins Spiel bringt [...]. Aber jedes Pathos aus dieser Quelle ist der Dichtkunst unwürdig, die uns nur durch Ideen rühren und nur durch die Vernunft zu unserem Herzen den Weg nehmen darf.

Friedrich Schiller: Sämtliche Werke. Hrsg. v. Gerhard Fricke u. Herbert G. Göpfert. 5. Band. 9., durchges. Aufl. München: Hanser 1993 (Lizenzausg. f. d. Wissenschaftl. Buchgesellschaft Darmstadt), S. 721 f.

---

[1] heftige Erregung, seelische Anspannung
[2] leidenschaftlich, ergreifend, kraft- und würdevoll

Erklärung des Begriffs in einem literatur-
wissenschaftlichen Lexikon

Die Ausschnitte aus einem Lexikonartikel unterscheiden zwei Varian-
ten der Satire, die aber in die gleiche Richtung zielen, und nennen eini-
ge Mittel, mit denen die Absicht erreicht werden soll.

Satire (wohl lat.: *satura* = Opfer- oder Fruchtschüssel)

a) **Schreibweise** (bzw. Verfahren): überzeichnende und oft indirek-
te Abbildung einer außerliterarischen Realität, um diese als defi-
zitär in Bezug auf eine bestimmte Norm zu entlarven

5 b) **Gattung** oder Gruppe von Gattungen der Antike (und Frühen
Neuzeit): römische Verssatire, die in stilisierter Form und mit
moraldidaktischem Anspruch auf zeittypisches Fehlverhalten
aufmerksam macht, und/oder menippeische Satire, die eher auf
die Komisierung [komische Darstellung] und Herabsetzung ih-
10 rer Gegenstände setzt und dabei individuelle Darstellungsformen entwickelt. [...]

[I]n beiden Fällen wird auf eine außerliterarische, zumeist zeitge-
nössische, oft gesellschaftliche Realität Bezug genommen. Diese
wird als negativ angesehen und dementsprechend dargestellt.
15 Dies wiederum setzt – so wird jedenfalls häufig angenommen –
zumindest implizit, oft aber auch explizit einen bestimmten Maßstab, etwa eine moralische Norm, voraus, nach dem dieser Wirk-
lichkeitsausschnitt abgewertet oder negativ beurteilt wird. Somit
wird in der Satire oft ein defizitäres Sein einem idealen Sollen ge-
20 genübergestellt. [...]

So besteht die zentrale Funktion allen satirischen Schreibens (oder
allgemeiner: Darstellens) darin, den betreffenden Ausschnitt der
Wirklichkeit als Missstand darzustellen, ihn mithin – etwa auch
gegen die herrschende oder vorherrschende Meinung – als sol-
25 chen zu entlarven. Insofern ist die Satire potenziell immer auch
gesellschaftspolitisches Instrument.

Diese Darstellung überspitzt und überzeichnet im Allgemeinen
das Dargestellte, indem sie es sachlich bzw. inhaltlich übertreibt
und/oder sprachlich pointiert. Sie arbeitet also (wie etwa die me-
30 nippeische Satire) immer auch mit Komisierungsstrategien, die
den erkannten Missstand und seine Verantwortlichen lächerlich

machen, und/oder (wie die römische Verssatire) mit sprachlichem Witz, der die Defizite der Realität offenlegt und der überlegenen geistig-moralischen Haltung des Satirenautors gegenüberstellt.

Uwe Spörl: Basislexikon Literaturwissenschaft. 2. durchges. Aufl. Paderborn: Schöningh (UTB) 2006, S. 167 f.

Aristophanes: Die Vögel (Schluss)

In den Strophen 6–8 des letzten Kapitels beruft sich Heine auf den Athener Komödiendichter Aristophanes (vor 445 – ca. 385 v. Chr.), den er „Mein Vater" nennt, und auf dessen Komödie „Die Vögel", deren Schluss er im 26. Caput nachgeahmt habe. Peisetairos, ein alter Mann aus Athen, sucht mit einem Freund eine bessere Welt jenseits verbreiteter Prozesssucht. Da er beim Wiedehopf aber keinen zufriedenstellenden Rat findet, gründet er mit dessen Hilfe einen Vogelstaat, das Wolkenkuckucksheim, dessen Bewohner beflügelt sein müssen. Mit den Göttern wird ausgehandelt, dass Peisetairos Basilea heiraten solle, eine himmlische Frau und Personifizierung der Königsherrschaft.

(Peisetairos und Basileia treten als Bräutigam und Braut auf.)

Chor.
    Zurückgetreten, auseinander,

1720   Front geformt, Platz gemacht!
    Fliegt um sie herum, die gesegnet sind
           durch gesegnetes Glück.
    O, ah, ah! Diese Jugend, diese Schönheit!
    O der du zum Segen für diese Stadt

1725   diesen Hochzeitbund geschlossen hast!

Chorführer.
    Ein großes, ja großes Glück umfängt
    der Vögel Volk
    wegen dieses Manns. Heißt willkommen nun
    mit Hochzeitsliedern und Brautgesang

1730   unsern Herrn und Basileia mit ihm!

Chor.

Die Moiren[1] vereinten einst
mit Hera[2] vom hohen Olymp
ihn, der auf erhabnem Thron
groß über die Götter herrscht
1735 durch diesen Hymenaios:

Erster Halbchor.

Hymnen o, Hymenaios!

Zweiter Halbchor.

Hymnen o, Hymenaios!

Chor.

Die Zügel, die straffen, hat
der blühende Eros da
mit goldenen Flügeln als
1740 Brautführer gelenkt für Zeus
und die glückliche Hera.

Erster Halbchor.

Hymnen o, Hymenaios!

Zweiter Halbchor.

Hymnen o, Hymenaios!

Peisetairos.

Mich erfreun deine Lieder, erfreut dein Gesang,
ich bewundre dein Wort!

Chorführer.

1745 Auf, preiset auch sein[3] Donnern tief in
der Erde drin,
und die feurigen Blitze, den Donnerkeil
des Zeus, der füchterlich leuchtet.

Chor.

Licht seines Blitzes, gewaltiges, goldenes,
Lanze des Zeus du, unsterblich,
1750 feurig, o Donner, der laut in der Erde drin
dröhnt, doch auch Regen schickt, mit dir

---

[1] Schicksalsgöttinnen
[2] Gattin des Zeus
[3] des Peisetairos

lässt nun die Erde erbeben
er, der, was Zeus hatte, alles
hat und auch sie, die bei Zeus saß, Basileia.

1755   Hymnen o, Hymenaios!

Chorführer.

Folgt alle nun dem Hochzeitszug,
Stämme der Gefährten ihr,
geflügelte, zum Hof des Zeus
und bis hin zum Hochzeitsbett!

Peisetairos *(zu Basileia).*

Reich mir die Hand, Glückselige,

1760   fasse meine Flügel an,
und tanz mit mir! Ich heb dich dann
hoch und trage dich hinauf.

(Beide verlassen tanzend die Spielfläche, gefolgt vom Chor.)

Chor.

Alalalai! Iäh! Paian[1]
Hurra für deinen schönen Sieg,

1765   Höchster aller Götter, du!

Aristophanes: Die Vögel. Aus dem Griechischen übersetzt und hrsg. von
Niklas Holzberg. Stuttgart: Reclam 2013, S. 82–84

---

[1] Siegesruf

8. Heine zwischen Romantik und Sozialismus

Die Romantik als prägende Epoche

Am Anfang seiner autobiografischen „Geständnisse" gibt Heine einem Franzosen recht, der ihn als „romantique défroqué", als entlaufenen Romantiker bezeichnete. In der „Romantischen Schule", in der er französischen Lesern die deutsche Literatur von der Aufklärung über die Klassik bis zur Romantik nahebringen will, wird sein zwiespältiges Verhältnis zu der jüngsten dieser Epochen deutlich, die er einerseits scharf kritisiert:

Was war aber die romantische Schule in Deutschland?
Sie war nichts anderes als die Wiedererweckung der Poesie des Mittelalters, wie sie sich in dessen Liedern, Bild- und Bauwerken, in Kunst und Leben manifestiert hatte. Diese Poesie aber war aus
5 dem Christentume hervorgegangen, sie war eine Passionsblume[1], die dem Blute Christi entsprossen. [...]
Obgleich man in Frankreich unter dem Namen Christentum nur den römischen Katholizismus versteht, so muss ich doch besonders bevorworten, dass ich nur von Letzterem spreche. Ich spreche
10 von jener Religion, in deren ersten Dogmen eine Verdammnis alles Fleisches enthalten ist, [...] durch die [...] die unschuldigsten Sinnenfreuden eine Sünde geworden [...]; ich spreche von jener Religion, die ebenfalls durch die Lehre von der Verwerflichkeit aller irdischen Güter, von der auferlegten Hundedemut und Engelsgeduld,
15 die erprobteste Stütze des Despotismus geworden. Die Menschen haben jetzt das Wesen dieser Religion erkannt, sie lassen sich nicht mehr mit Anweisungen auf den Himmel abspeisen, sie wissen, dass auch die Materie ihr Gutes hat und nicht ganz des Teufels ist, und sie vindizieren[2] jetzt die Genüsse der Erde, dieses schönen
20 Gottesgartens, unseres unveräußerlichen Erbteils. [...]
Loyalität erfordert, dass ich eine Partei, die man hierzulande [in Frankreich] die katholische nennt, aufs Allerbestimmteste von jenen deplo-

---

[1] Die Teile der Blüte werden auf die Passion Christi bezogen.
[2] beanspruchen (als Eigentümer vom Besitzer)

rablen[1] Gesellen, die in Deutschland diesen Namen führen, unterscheide. Nur von Letzteren habe ich [...] gesprochen, und zwar mit Ausdrücken, die mir immer noch viel zu gelinde dünken. Es sind die Feinde meines Vaterlandes, ein kriechendes Gesindel, heuchlerisch,
5 verlogen und von unüberwindlicher Feigheit. Das zischelt in Berlin, das zischelt in München, und während du auf dem Boulevard Montmartre wandelst, fühlst du plötzlich den Stich in der Ferse. Aber wir zertreten ihr das Haupt, der alten Schlange. Es ist die Partei der Lüge, es sind die Schergen des Despotismus, die Restauratoren aller Mise-
10 re, aller Greuel und Narretei der Vergangenheit. Wie himmelweit davon verschieden ist jene Partei, die man hier die katholische nennt [...].

Andererseits lobt er die von Clemens Brentano und Achim von Arnim herausgegebene Liedersammlung „Des Knaben Wunderhorn", eines der wichtigsten Werke der Romantik, enthusiastisch:

Dieses Buch kann ich nicht genug rühmen; es enthält die holdse-
15 ligsten Blüten des deutschen Geistes, und wer das deutsche Volk von einer liebenswürdigen Seite kennenlernen will, der lese diese Volkslieder. In diesem Augenblick liegt dieses Buch vor mir, und es ist mir, als röche ich den Duft der deutschen Linden. Die Linde spielt nämlich eine Hauptrolle in diesen Liedern, in ihrem Schatten
20 kosen des Abends die Liebenden, sie ist ihr Lieblingsbaum, und vielleicht aus dem Grunde, weil das Lindenblatt die Form eines Menschenherzens zeigt. [...]
In diesen Liedern fühlt man den Herzschlag des deutschen Volks. Hier offenbart sich all seine düstere Heiterkeit, all seine närrische
25 Vernunft. Hier trommelt der deutsche Zorn, hier pfeift der deutsche Spott, hier küsst die deutsche Liebe. Hier perlt der echt deutsche Wein und die echte deutsche Träne. Letztere ist manchmal doch noch köstlicher als Ersterer; es ist viel Eisen und Salz darin. Welche Naivität in der Treue! In der Untreue, welche Ehrlichkeit!

Aus: DHA Bd. 8/1, S. 126 f., 201 f., 241. Rechtschreibung und Zeichensetzung wurden den gegenwärtigen Regeln angepasst.

---

[1] beklagens-, bedauernswert

Saint-Simonismus

Heine „pflegte viele Jahre lang besonders enge Beziehungen zum Klub der Saint-Simonisten, deren sozial-revolutionäre Gesinnung der seinen entsprach" (S. 98, Z. 29–31, im Anhang). Die Lehre des französischen Sozialwissenschaftlers und -reformers Claude-Henri de Rouvroy, Graf von Saint-Simon (1760–1825), und seiner Schüler geht von ähnlichen Überzeugungen aus, wie sie der Dichter dem Katholizismus in Deutschland entgegenstellt (S. 159, Z. 15–20) und wie sie auch im „Wintermärchen" anklingen. Sie berühren sich zudem mit den Anschauungen des jungen Karl Marx (1818–1883), mit dem Heine nach seiner Rückkehr aus Deutschland, als die Verssatire über die Reise entstand, befreundet war.

Saint-Simon, der Begründer der modernen „science sociale", [hat] in den Werken seiner letzten Lebensjahre, nach dem Bruch mit dem Liberalismus Ende 1817, die Rolle der ökonomischen Entwicklung, der sozialen Klassen und Klassenkämpfe in der Geschichte
5 untersucht [...], um in scharfer Stellung gegen die müßigen Stände des Ancien Régime eine Theorie der modernen, industriellen Gesellschaft zu entwickeln. Diese sollte weder Vorrechte der Geburt noch vererbtes Eigentum noch untätige Klassen kennen; sie sollte harmonisch organisiert und hierarchisch nach den „capacités" ei-
10 nes jeden geordnet sein; den Künstlern sollten soziale Aufgaben zufallen, und eine neue Religion der Liebe und Brüderlichkeit sollte die Menschen moralisch befreien und ihnen neue Bindungen geben. In seinem geistigen Vermächtnis, *Le nouveau christianisme* (1825), stellt Saint-Simon das berühmte, von seinen Schülern ge-
15 predigte und von Heine zitierte Postulat auf: „Toute la société doit travailler à l'amélioration de l'existence morale et physique de la classe la plus pauvre" [Die ganze Gesellschaft muss für die Verbesserung des moralischen und materiellen Daseins der ärmsten Klasse arbeiten]. Die Getreuen Saint-Simons, Olinde Rodrigues,
20 Barthélémy-Prosper Enfantin und Saint-Amand Bazard haben dann dessen Ideen umgestaltet, systematisiert und zu einer Doktrin geordnet [...]. Nach ihrer Theorie sollte der neue Klassenanta-

gonismus[1], derjenige zwischen Bourgeoisie und Proletariat, der
die Ausbeutung des Menschen durch den Menschen ermöglichte,
von einer Gesellschaftsordnung überwunden werden, in der ein
staatlicher Organismus die Produktionsmittel zuteilte und die industrielle Produktion ankurbelte; in der Geburtsprivilegien zusammen mit dem alten Erbrecht abgeschafft und ein neues, soziales
Eigentumsrecht eingeführt würde; in der die höchste Autorität von
der Trias Industrielle, d. h. allen produktiv Tätigen, Wissenschaft-
lern und Künstlern ausgeübt würde und in welcher der liberale In-
dividualismus durch Assoziation, Gemeinschaftlichkeit und religi-
öse Bindungen abgelöst wäre.

Gerhard Höhn: Heine-Handbuch. A. a. O., S. 344.

---

[1] Antagonismus: Gegensatz

9. Satiren verstehen und interpretieren – Tipps und Techniken

Satiren sind anspruchsvolle künstlerische Text- und Darstellungsformen. Sie prangern Missstände meistens indirekt an, um sie zu beseitigen, und orientieren sich dabei an moralischen Maßstäben, die von den Leserinnen und Lesern oft erst erschlossen werden
5 müssen. Gelingt es, Missstände und Maßstäbe zu erkennen, entstehen aus ihrem Kontrast komische Effekte, die zum Lachen reizen, neue Sichtweisen eröffnen und Einstellungen verändern sollen. (Lesen Sie ergänzend die Erklärung des Begriffs *Satire* in einem literaturwissenschaftlichen Lexikon auf S. 155 f. dieser
10 Textausgabe.)

Um Satiren zu **verstehen**, sind also drei Faktoren zu berücksichtigen:

- die Wirklichkeit, wie sie **ist**,
- der Maßstab als Vorstellung von der Wirklichkeit, wie sie **sein**
15 **könnte** oder **sollte**,
- die Darstellungsmittel und ihre Wirkungen.

Diese Faktoren sind eng miteinander verbunden. Jeder eignet sich aber als Ansatzpunkt, um Satiren zu erschließen. Manchmal ist die Wirklichkeit, auf die sich satirische Texte beziehen, zeitgebunden
20 wie bei Heines *Wintermärchen*, das Verhältnisse in der Mitte des 19. Jahrhunderts schildert. Solche Texte verlangen vom Leser oder von der Leserin, sich über die damaligen, heute überwundenen Zustände zu informieren. Dennoch lassen sich manche Missstände in der Vergangenheit auch in der Gegenwart wiedererkennen.

25 Häufige **Darstellungsmittel** in Satiren sind
- Übertreibungen (z. B. Caput XIX, V. 5 – 8)
- Zuspitzungen (XVII, V. 37 – 44)
- Verzerrungen (III, V. 33 – 36)
- Verfremdungen (VIII, V. 27 f.)
30 - Kontraste (I, V. 31 – 36)
- sprachliche Bilder (III, V. 25 – 28)
- Zweideutigkeiten (II, V. 13 – 16)
- Ironie (XI, V. 61 – 64)

- Anspielungen (VII, V. 103)
- Spott (XV, V. 69–72)
- unpassende Wort- oder Gedankenverbindungen (I, V. 47–52)

Die **Interpretation** einer Satire oder eines Ausschnitts von ihr legt
den Schwerpunkt auf die Wechselbeziehung zwischen der unzulänglichen Wirklichkeit, dem angestrebten Zustand und den Darstellungsmitteln mit ihren Wirkungen. Im Einzelnen sollte sie aus folgenden Teilen bestehen:

- der **Einleitung** mit Titel, Verfasser, Entstehungszeit, Thema, einer möglichst knappen Zusammenfassung des Inhalts mit Ort und Zeit der Handlung sowie den Hauptpersonen
- evtl. der **Einordnung** des Ausschnitts in das inhaltliche Gefüge der gesamten Satire (Was geht ihm voraus? Was folgt aus ihm?) und einem **Überblick** über seinen Inhalt
- einer genaueren **Untersuchung**, auf welche Missstände die Satire aufmerksam macht, mit welchen Mitteln und Wirkungen dies geschieht und welche Verhältnisse wünschenswert erscheinen. Dabei sind auch die historischen Gegebenheiten zu berücksichtigen.

Für den Aufbau dieses Teils gibt es zwei Möglichkeiten:
  – die Linearanalyse, die dem Textverlauf folgt
  – die aspektgeleitete Analyse, die thematische Schwerpunkte setzt.

- ggf. einem **Vergleich** mit der Gegenwart, um Parallelen und Unterschiede festzustellen
- einer **Beurteilung**, ob der satirische Angriff gerechtfertigt ist, über das Ziel hinausschießt oder abzulehnen ist.

Bildnachweis

|akg-images GmbH, Berlin: 95, 99, 100, 101, 117; Poklekowski, Doris 94. |Alamy Stock Photo (RMB), Abingdon/Oxfordshire: PjrStamps 139. |bpk-Bildagentur, Berlin: 115. |Domke, Franz-Josef, Wunstorf: 104. |fotolia.com, New York: Fleer, Markus 103; Lindert-Rottke, Antje 137. |Picture-Alliance GmbH, Frankfurt a.M.: Costa/Leemage 101; dpa dena 111; dpa/Bertram, Hans 140; Gerig, Uwe 133; ZB/Kasper, Jan-Peter 133. |Rheinisches Bildarchiv, Köln: Fotografenname (soweit bekannt), rba_056493 116. |stock.adobe.com, Dublin: Kollidas, Georgios 97. |Traxler, Hans, Frankfurt/Main: Zeichnung in Heinrich Heine, Deutschland ein Wintermärchen, Reclam Verlag 2005 102. |ullstein bild, Berlin: The Granger Collection 99.